【역주】이십일도 회고시

【역주】

이십일도회고시

二十一都懷古詩

유득공 지음
실시학사 고전문학연구회 역주

푸른역사

일러두기

1. 이 책은 국립중앙도서관 소장 옥경산방본 《이십일도 회고시》를 저본으로 하였다. 번역
   문, 원문, 주석의 순으로 싣고, 부록으로 인용서목과 판본을 조사한 글 및 영인본을 덧
   붙였다.
2. 번역문은 원전의 뜻이 충실히 드러나도록 하였으며, 필요한 경우 주석을 달아 설명하였
   다. 원문은 구두점을 표기하였고, 오탈자가 있는 경우 교열하였다.
3. 각종 문헌에서 인용된 내용은 원문 주석에서 그 출전을 밝혔는데, 원출전과 차이가 있
   는 부분을 회색 글씨로 표기하였다.
4. 번역문과 원문에 문장부호를 붙였다. 《》-책명, 〈〉-편명, 〔 〕- 한자표시, ‘ ’-강조 또
   는 간접인용, “ ”-직접인용.
5. 각 편의 옮긴이는 책의 끝에 따로 모아 기록하였다.

책을 내며

영재 유득공冷齋 柳得恭(1749~1807)은 이조 후기 실학자로, 위축된 민족사에 북방 영토에 대한 관심을 환기시킨 〈발해고渤海考〉로 일찍부터 주목받았다. 그는 박제가朴齊家·이덕무李德懋 등과 함께 연암 박지원燕巖 朴趾源을 종유從遊하며 백탑白塔(지금 탑골공원의 원각사탑圓覺寺塔) 주변에 모여 시주詩酒를 나누며, 청나라의 발달된 물질 생활을 배우고 상공업을 진흥시킬 것을 토론하기도 하여 현재 '북학파北學派' 또는 '이용후생파利用厚生派'로 통칭되기도 한다. 박제가·이덕무와 유득공은 모두 서족庶族으로 출세 길이 막혀 있었으나, 정조왕의 지우知遇를 입고 규장각 검서奎章閣檢書로 발탁되면서 굶주림을 면할 수 있었다. 같은 처지로 평생의 동지였던 이들에게 조선에서는 서족출신이라는 굴레가 있었지만, 몇 차례 사신단으로 방문한 청나라에서는 일류 귀족 문인들에게서 파격적인 환대를 받았다. 당시 청나라 예부상서로 있던 기윤紀昀의 눈에는 조선에서 온 이들의 신분보다는 그들의 학식과 재능이 먼저 눈에 들어온 것이었다.

이 《이십일도 회고시二十一都懷古詩》는 유득공이 청나라 인사들에게 소개될 것을 염두에 두고 작성한 것으로 보인다. 1778년 이 시집의 초고가 완성되자, 바로 이해 수행원으로 연경에 가는 박제가·이덕무 편에 보내어 청나라 인사들에게 소개되도록 하였다. 《이십일도회고시》를 읽어본 반정균潘庭筠과 이정원李鼎元이 칭찬을 아끼지 않았으며 축덕린祝德鱗은 따로 한 부를 더 달라고 했다는 것을 유득공은 서문에 기록하였다. 이후 1790년 유득공이 직접 열하를 거쳐 연경으로 가게 되었는데 이때 수정한 《이십일도 회고시》를 가지고 가서 기윤에게 증정했다. 나빙羅聘이 한 부를 얻지 못해 서운해 하다가 나중에는 직접 베껴서 소장하고 있더라는 말도 서문에 기록되어 있는바, 당대 중국 최고의 명사들로부터 인정받았다는 자부심이 나타난다. 기윤에게 증정한 유득공의 이 자필 고본은 기윤으로부터 옹방강翁方綱, 옹방강으로부터 섭지선葉志詵에게로 전전해오다가 마침내 조지겸趙之謙의 소유로 돌아갔고, 조지겸은 1880년 《학재총서鶴齋叢書》를 편간할 때에 이 회고시를 포함하여 출판하였다. 조선과 중국의 문화적 교류의 한 경우로 주목할 만한 것이다. 이철희 동학의 해제에 상세한 설명이 갖추어져 있다.

실시학사 고전문학연구회는 일주일에 한 번씩 모여 한 사람씩 돌아가며 번역을 준비해 발표하였다. 우리 연구회가 구성된 것이 1994년 봄이었으니 벌써 15년의 세월을 온전히 채운 셈인데 늘 변함없이 독회를 이어오고 있다. 그 속에서 변함없는 벽사 선생님의 가르침이 없었다면 지금과 같은 성과와 발전은 기대할 수도 없었을 것이다.

나름대로 한문학을 전공하는 연구자들이고 이미 학계의 중견이 된 회원도 있지만, 원문의 충실한 이해와 우리말의 적절한 표현에서는 아무리 고심을 해도 해결 못하는 문제들이 있다. 결국 문제의 해결은 늘 선생님께서 해주신다. 문제의 해결뿐만이 아니라 원문의 한 글자 한 글자, 번역문의 한 구절 한 구절, 주석의 한 문장 한 문장 모두 선생님께서 읽고 토달고 고치며 검토해 주신다. 번역자로 실시학사 고전문학연구회의 이름을 걸었지만, 실상은 선생님께서 피로를 무릅쓰시고 모든 것을 직접 주재하신 것이다. 우리 연구회는 선생님이 계셔서 만들어진 것이고, 선생님의 가르침으로 지금껏 이어져왔다. 벽사 선생님께서는 앞으로도 오래도록 변함없이 우리들에게 귀한 가르침을 주실 것이라 믿어 의심치 않는다.

　이 책의 학문적 의의를 상세히 해설한 이철희 동학과 부록을 작성하느라 애쓴 김형섭·한재표·최영옥 동학 및 교정을 담당한 이신영 동학에게 깊이 감사드리고, 상업적 계산을 접어두고 흔쾌히 출판을 맡아주신 푸른역사 측과 출판 교섭을 담당한 이지양 동학에게도 감사의 말씀을 전한다. 우리 실시학사 고전문학연구회 회원 모두는 이 책의 간행을 기뻐하며 앞으로의 정진을 다짐한다.

2009년 3월
김진균

【역주】 이십일도회고시
二 十 一 都 懷 古 詩

차례

윤극공의 이십일도 회고시에 대하여

1. 머리말

영재 유득공泠齋 柳得恭의 《이십일도 회고시》는 단군조선으로부터 고려 왕조까지 조선의 강역에 존멸하였던 21개국의 왕도王都를 회고시로 읊은 작품이다. 《발해고渤海攷》, 《사군지四郡志》와 더불어 역사 지리 분야에서 유득공의 위상을 높인 대표작으로 꼽힌다. 뿐만 아니라 《이십일도 회고시》는 조선 후기 문학사에서나 한중 문화 교류사에서도 획기적인 의미를 지닌다. 조선 후기에 들어서면서 우리 역사를 다룬 시는 다채롭고 활발하게 창작되어, 이익李瀷, 이복휴李福休, 이학규李學逵의 〈해동악부海東樂府〉와 같은 거편대작의 영사악부詠史樂府가 출현하기도 하였다. 그러나 회고시라는 제명題名하에 조선 강역의 전 역사를 체계적으로 다룬 저작은 이전에 찾아볼 수 없는 것이다. 또 하나 특기할 점은 국내에서보다 중국에 먼저 알려져 주목을 받았다는 사실이다. 1778년에 처음 완성된 《이십일도 회고시》는 바로 그해 3월 연행을 떠나는 이덕무와 박제가 편에 보내져 중국의 문인학자들에게 소개된다. 이때 반정균潘庭筠으로부터 "후세에 반드시 전해질 작품이다必傳之作"라는 평을 받는 등 당시 한중 문화 교

12

류에 참여한 인물들로부터 주목을 받았으며, 그 뒤에도 기윤紀昀, 옹방강翁方綱 등 청대학계를 대표하는 석학들의 손을 거쳐 1877년에는 조지겸趙之謙의《학재총서鶴齋叢書》에 수록되어 간행되기도 하였다.

유득공이 활동하던 18세기에 한중 문화 교류가 매우 활발해지며, 홍대용洪大容, 박지원朴趾源 등 이른바 '북학파北學派'라 불리는 일군의 지식층이 출현하게 된다. 청조의 문물을 배운다는 의미의 '북학'은 일방적 수용으로 비칠 수 있다. 그러나 실상을 살펴보면 우리나라의 시문집과 금석문이 중국으로 활발하게 전해지며 조선에 대한 관심을 고조시키고 있었다. 19세기에 이르러 우리나라의 명시名詩를 선집한《한객시록韓客詩錄》이나 금석문을 집대성한《해동금석원海東金石苑》 등이 편찬될 수 있었던 것은 그 만큼 우리의 자료들이 중국으로 건너가 축적되고 있었음을 보여준다.

당시 한중 문인들의 교유는 우리나라 지식인들로 하여금 자국의 역사와 문화를 객관적으로 되돌아보게 하며, 저술과 창작에 자극과 활력을 주고 있었던 바, 《이십일도 회고시》는 바로 그러한 성과의 하나로서 새롭게 주목해야 한다.

2. 저작 배경과 동기

《이십일도 회고시》는 유득공이 31세 때인 1778년에 처음 완성되는데, 이 해는 북학파의 일원으로 활동하던 이덕무, 유득공, 박제가가 인생의 큰 전환을 맞이하는 시기이다. 이른바 '백탑청연白塔淸緣'이라 일컬어지는 난만한 분위기 속에서 북학에 향한 열정을 키워왔던 이들에게 연행을 직접 다녀올 수 있는 기회가 주어졌고, 이는 다음해에 신설되는 규장각 검서관직의 발탁을 예고하는 것이었다. 서족 출신으로는 기대할 수 없었던 희망적 미래가 막 열리려는 시기였다.

이 세 사람이 처음 인연을 맺기 시작한 백탑청연 시절은 이보다 10년 전부터 시작되었다. 당시 문명文名을 떨치며 세간의 주목을 받던 박지원을 중심으로 신예의 지식인과 예술인들이 모여들었는데, 이 세 사람이 가장 적극적으로 참여하며 평생의 지기로 교유하였다. 이들은 앞서 연행을 다녀온 홍대용이 소개한 청조의 문물과 서구의 과학문명에 자극받으며 북학에 대한 열정을 공유하는 한편, 벗을 '제2의 나'라고 표명하는 교우론交友論에 깊이 공감하며 세상에 보기 드문 동지적 우정으로 결속을 다져나갔다.

수평적 인간관계에 대한 새로운 자각을 동반한 혁신적 교우론은 조선이라는 울타리를 벗어나 '천애지기天涯知己'라 일컬어지는 중국 문인학자들과의 교유를 갈망하게 된다. 홍대용이 중국에서 맺은 감동적인 교우는 신분제의 질곡과 당파의 분열에서 갈등하던 이들에게 참다운 교우의 이상理想으로 각인되었던 것이다. 박제가는 홍대용이 중국 문사들과 나눈 필담을 기록한 《회우록會友錄》을 읽으면 마치 '실성한 듯 밥을 먹다가도 숟가락질을 잊는다'고 표현할 정도였다. 북학과 더불어 '천애지기'는 화이관華夷觀에 따른 민족과 문화의 차별을 초월한 새로운 지식의 통로이자, 조선의 폐쇄성을 돌파할 수 있는 숨통으로 인식되었던 것이다.

이처럼 갈망하던 '천애지기'와의 소통은 백탑청연이 시작된 지 7, 8년 후인 1776년에서야 비로소 실행에 옮겨지며 가시적 성과를 보이기 시작한다. 유득공의 숙부 유련柳璉이 서호수徐浩修의 수행원으로 사행을 다녀오면서, 이덕무, 유득공, 박제가, 이서구의 시를 선집한 《한객건연집韓客巾衍集》을 중국의 지인들에게 소개하고, 반정균과 이조원李調元 등으로부터 서문과 평어를 받아 온 것이다. 드디어 꿈에 그리던 '천애지기'와 직접 소통할 수 있는 길이 열린 것이며, 더욱이 보내온 평가 또한 매우 고무적인 것이었다. 그들은 여기에서 만족하지 않고 후속의 작품을 준비하여, 2년 뒤인 1778년에는 3종의 주요 저작들을 함께 완성해 중국으로 보낸다. 우리나라 한시를 전문적으로 다룬 시화집인 이덕무의 《청비록淸脾錄》, 조선 시인들에 대한 중국 저작들의 오류를 바로 잡은 이서구의 《강산필치薑山筆豸》, 그리고 유득공의 《이십일도 회고시》다.

여기서 한 가지 주목해야 할 점은 조선에 대한 중국 지식인들의 몰이해나 오인이 한중 교류의 장애로 인식되었다는 것이다. 연암 그룹은 홍대용의 연행경험을 통하여 중국에서 조선이 낯선 변방국에 지나지 않았다는 사실을 자각한다. 홍대용이 우리나라의 역사, 사회, 문화를 하룻밤 사이에 개술한 《동국기략東國紀略》을 중국인에게 전달하였던 사정이나, 우리나라 역사를 왜곡한 《명기집략明記輯略》에 대하여 "이렇게 역사를 왜곡하는 사람들은 동방의 영원한 원수라고 해야 할 것이다."라고 격분했던 사실에서 그 일단을 엿볼 수 있다. 이런 상황에 대응하여 우리나라를 중국에 알리기 위한 노력이 경주되기도 하였던 바, 위 3종의 저작들은 바로 이러한 의식을 배경으로 저술되었으며, 실제적으로 우리나라의 문학과 역사를 중국에 바로 알리는 역할을 수행하기에 충분한 저작들이었다.

그렇다면 유득공 스스로는 《이십일도 회고시》를 저작한 구체적 동기나 목적에 대하여 무엇이라고 밝혔을까? 대개 저작의 동기는 서문에 밝혀져 있기 마련이다. 그러나 이 작품이 처음 저작되었을 때 쓴 정식 서문은 없으며, 그로부터 7년이나 지난 1785년과 다시 7년이 지난 1792년에 과거를 회상하며 지은 〈제이십일도 회고시題二十一都懷古詩〉라는 글이 서문의 역할을 대신하고 있다. 이 글에는 《이십일도 회고시》를 창작하게 된 과정이 다음과 같이 기술되어 있다.

회상해보니 무술戊戌, 1778년 무렵 종현 부근 산턱에 우거寓居하고 있었는데 …… 때때로 우리나라의 지지地誌를 열람하면서 한 수의 시를 얻으면 곧 여러 날을 고심하며 읊조리게 되니 어린 아들과 계집아이 종이 모두 이를 듣고 외울 정도였다. 내 마음씀이 얕지 않았다는 것을 알 수 있다.

1778년 유득공은 오늘날 명동성당 부근인 종현에서 한가한 시기를 보내고 있었는데, 이때 우리나라의 지지地誌를 열람하며 회고시를 창작하였다고 밝히고 있다. '회고시'는 원래 역사 유적지를 작자가 직접 보고 느낀 감회를 표현하는 한시의 한 장르다. 그러나 유득공은 지리지를 읽고 유적지를 상상하며 회고시를 짓는 특이한 방식을 취하고 있다. 이처럼 작자가 가보지 않은 곳을 문헌지식에 의거하고 상상하여 작품화하는 방식은, 청대 우통尤侗의 《외국죽지사外國竹枝詞》에서 그 선례를 찾을 수 있다. 육대주의 세계 각국에 대한 상상의 견문을 110수의 칠언절구로 쓰고, 각 나라에 대한 지식을 매수마다 주석으로 기재하는 형식을 취하고 있다. 유득공이 이와 같은 방식을 택한 것은 자신이 직접 가보지 못한 옛 왕도들도 모두 창작의 대상으로 삼기 위한 것으로, 21개국의 도읍지 모두를 연작의 회고시로 저작하려는 기획에 따른 것이다. 비록 북방의 몇몇 나라들은 제외되었지만 우리나라 역사 전체를 다루겠다는 목적을 가지고 있었다.

이같은 새로운 방식의 저작에 유득공은 매우 심혈을 기울였다고 밝히고 있으나, 정작 저작의 동기나 목적에 대해 아무런 언급이 없다. 〈해동악부〉 작가 심광세沈光世가 "우리나라 역사를 읽는 가운데 감계鑑戒될 만한 것을 골라 짓는다."라고 밝히거나, 안정복이 스승인 성호 이익의 영사악부의 속편을 지으면서 "역사서의 빠진 부분을 보완한다[補史家之闕]."고 그 의의를 부여한 태도와는 다소 다른 입장에서 저작하였음을 추측할 수 있다. 그런데 서문 역할을 하는 이 글의 대부분은 《이십일도 회고시》가 중국 측 인사들로부터 받은 관심을 서술하는 데 할애하고 있다. 첫 번째 글에서는 《이십일도 회고시》를 처음 전달받은 반정균으로부터 받은 평을 소개하고, 당시 이정원이 제시題詩를 쓰고 축덕린祝德麟이 한 부 더 원했던 사실을 쓰고 있다. 두 번째 글에서는 1790년 연행에서 기윤紀昀에게 한 부 기증하였는 데, 이 때 나빙羅聘이 포정박鮑廷博의 《지부족재총서知不足齋叢書》에 편입시켜 출간하려 한다면서 한 부를 원했으며, 이때 시집을 받지 못한 나빙이 후에 자신이 직접 초록하여 장정한 본을 책상머리에 놓고 있더라는 박제가의 전언을 기록해 놓고 있다. 이 기록들은 유득공의 최대 관심사가 《이십일도 회고시》에 대한 중국 측 인사들의 관심과 반응이었음을 보여준다.

1785년에 쓴 글에서 "다른 나라 사람들이 한목소리를 내는 것이 자못 즐거워할 일이며, 후세에 전해지고 전해지지 못하고는 꼭 논하지 않아도 된다."라고 한 것은 저작 동기가 후세보다는 당대 중국 문인학자들과의 소통에 있었음을 보여준다. 즉 《이십일도 회고시》는 《한객건연집》에 뒤이어 '천애지기'를 염두에 두고 기획하고 완성한 작품이라고 할 수 있다.

3. 체제와 성격

현재 전하고 있는 《이십일도 회고시》는 여러 종류의 판본과 필사본이 존재하지만, 체제와 내용은 크게 두 가지로 구분된다. 유득공은 《이십일도 회고시》를 처음 저작한 후 15년이 지난 1792년에 역사서를 참조하여 다시 주석을 붙였다고 하였는데, 이로 보면 처음에 저작된 '초편본'과 후에 주석을 개정하여 최종적으로 완성한 '재편본'이 있음을 알 수 있다.

후대에 널리 보급된 대부분의 간행본과 필사본은 모두 '재편본' 계열에 속하는 것으로 체제와 내용이 모두 동일하며 다만 글자의 출입이 있을 정도다. 반면 '초편본'은 중국의 북경 대학교 국가도서관 선본실에 소장된 간행본 1종과 성균관대학교 존경각과 국립도서관에 소장된 필사본 2종만이 현재 확인된다. 판본에 대한 자세한 사항은 부록에 제시되어 있으므로 여기서는 둘의 차이만을 간략하게 설명한다.

'초편본'과 '재편본'은 시집의 체제와 내용에서 차이를 보인다. 먼저 체제의 변화를 살펴보기 위해 목차와 해당 편수를 괄호 안에 제시한다.

[초편본]
平壤府[檀君朝鮮(1), 箕子朝鮮(2), 衛滿朝鮮(1), 高句麗(2)] 益山郡[馬韓(1), 報德國(1)] 成川府[沸流國(1)] 江陵府[濊國(1), 溟洲國(1)] 春川府[貊國

(1)] 扶餘縣 [百濟(3)] 仁川府[彌趨忽國(1)] 濟州牧[耽羅(1)] 慶州府[新羅(6)]

金海郡[金官國(1)], 高靈縣[大伽倻國(1)]開寧縣[甘文國(1)] 鬱陵島[于山國

(1)] 鐵原府[泰封(1)] 全州府[後百濟(1)] 開城府[高麗(8)]

[재편본]

檀君朝鮮(1) 箕子朝鮮(2) 衛滿朝鮮(2) 韓(1) 濊(1) 貊(1) 高句麗(5) 報德(1)

沸流(1) 百濟(4) 彌鄒忽(1) 新羅(6) 溟州(1) 金官(1) 大伽倻(1) 甘文(1) 于山

(1) 耽羅(1) 後百濟(1) 泰封(1) 高麗(9)

　　먼저 '초편본'은 16곳의 도읍지순으로, '재편본'은 21개의 나라
순으로 편집되어 있다. 따라서 '이십일도二十一都'에서 '도都'는 바
로 나라를 뜻하며, 같은 곳에 도읍을 세운 나라들이 있으므로 도읍
지로는 16곳이 된다. 다산茶山 정약용丁若鏞이 아들 정학연丁學淵에게
보내는 편지에서《이십일도 회고시》를《십육도회고시十六都懷古詩》라
고 칭한 것은 이 때문이다.
　　시작품에서는 있어서는 '초편본'은 37수이고 '재편본'은 43수로,
7수가 추가되고 3수가 산삭되는 등 총 12수에서 변화를 보인다.
　　특히 주목되는 것은 '초편본'은 시와 주석으로 구성된 반면, '재
편본'은 각 나라마다 개괄적 설명을 붙인 작은 서문이 따로 기재되
어 있다는 점이다. '초편본'이 순수한 시집의 형태라면 '재편본'은
역사와 시가 공존하는 특이한 형태로 구성되어있다. 또한 주석의 내

용이나 성격 역시 현격한 차이를 보여준다. 이는 15년 사이에 변화한 유득공의 역사의식이 반영되어 있어 향후 정밀한 비교연구가 요구된다.

여기에서는 유득공이 최종 완성한 '재편본'을 중심으로 체제와 내용을 살핀다. 각 편의 구성은 나라마다 개괄적 설명을 붙인 작은 서문과 본장으로서 시작품 그리고 자주自註, 이렇게 3단으로 구성되어 있다.

'작은 서문'은 각 나라마다 시조의 신화나 건국의 유래, 연혁 등을 설명한 뒤 후반부에서는 왕도의 지리적 설명을 덧붙이고 있다. 먼저 《사기》, 《한서》, 《삼국지》, 《위서》, 《당서》 등 중국 측의 정사正史를 반드시 먼저 인용하고, 뒤이어 《고려사》, 《여지승람》, 《동국여지지》, 《문헌비고》, 《삼국사기》 등 우리나라의 국고문헌을 인용하는 등 일정한 틀을 유지하고 있다. 이와 같은 형식을 선택한 이유는 중국 역사서의 공신력을 바탕으로 해설 전체의 신뢰도를 높이려 한 것으로 보인다. 유득공은 한치윤韓致奫의 《해동역사》에 서문을 쓰면서, 고려 이전의 시대를 다룬 우리나라의 역사서는 신뢰할 수 없거나 소략함을 면치 못하기 때문에 중국의 21사로부터 우리나라 관련 자료만을 수집 · 정리하는 새로운 저술을 기획한 적이 있다고 밝힌 바 있다. 비록 이 저술은 실행되지 못하였으나, 《이십일도 회고시》 중 나라에 대한 설명 부분은 그 단초를 보여준다.

'자주'에서는 시어를 적출하여 표제어로 제시한 뒤, 한두 종 정도의 문헌으로부터 관련 내용을 인용하고 있다. 자주를 비롯한 모든 해설은 유득공 본인의 서술이 아니라 42종에 달하는 인용서에서 기사를 절취하여 편집하는 방식을 취하고 있다. 따라서 자신의 의견이나 인용처가 불분명한 기술은 전혀 보이지 않는다. 바로 이 점이 '초편본'과 분명한 차이를 보여준다. '초편본'은 인용처가 불분명하거나, 시와 직접적인 관련성이 없는 내용을 설명하는 등 비교적 자유롭게 기술하는 방식을 취하고 있다. 이러한 차이는 인용 사료의 공신력이나 객관성을 중시하는 관점에서 개정되었음을 보여준다.

반면, 시작품은 역사의 객관성을 중시한 해설 부분과는 달리, 시인의 주관적 관점이나 서정성을 강조하는 태도를 취하고 있다. 기존의 연구자들은 《이십일도 회고시》를 유득공의 민족적 역사의식의 소산으로 평가하여 왔다. 을지문덕, 양만춘, 연개소문 등 영웅명장을 통하여 고구려의 진취적 기상을 표출하였으며, 공후인, 을지문덕의 시, 김생의 글씨와 솔거의 그림 등을 통하여 민족문화의 자존과 긍지를 보여주었다는 것이다. 그러나 시집 전체를 놓고 본다면 이와 같은 일관된 역사의식을 중심으로 창작하였다고 보기 어렵다. 예컨대, 역사적 관점에 입각했다면, 역사서에서 비중 있게 다루고 있는 신라의 문무왕이나 김유신, 고려의 무신집권, 몽고침입 등과 같은 역사의 중요 인물들과 사건들이 들어가야 할 터인데 전혀 언급하고 있지 않다.

이러한 원인은 유득공이 지리지를 보면서 회고시를 지었다는 데서 찾을 수 있다. 역사적 사건이나 인물보다 지리지의 산천, 풍속, 고적, 제영題詠 등의 기사로부터 비교적 자유롭게 자신의 주관과 시적 흥취에 따라 시적 대상을 취한 것이다. 예컨대, 신라의 경우 만파식적, 안압지, 송화방, 서출지, 기오일, 상서장, 김생의 글씨, 솔거의 그림, 포석정 등 지리지의 세부 항목들을 소재로 삼아 시를 창작하고 있다. 따라서 역사 이외 풍속, 문화 등을 폭넓게 다루고 있다. 반정균이 "죽지竹枝, 영사詠史, 궁사宮詞 등 여러 체體의 장점을 겸하고 있다."라고 평한 것은 이 때문이다.

가장 큰 비중을 차지하는 것은, 유적지에 대한 감회를 읊는 가운데 망국에 대한 비평의식을 표출하거나 역사의 무상감을 표현한 작품들이다. 전자는 날카로운 풍자와 비판의식이 투영된 것으로 논의하기도 하지만, 무엇보다도 시적 상상력과 감수성이 발휘되어 풍자와 비판을 매우 암시적이면서도 감성적으로 표현하였다. 후자는 과거 역사의 자취를 현재 유적지에 되살려 망국에 대한 감상을 암시적으로 표현한 작품들로서 애상적 정조가 배어있기도 하다.

이러한 회고적 시풍은 《이십일도 회고시》를 창작하기 이전부터 유득공의 시세계에서 주요한 경향으로 자리를 잡고 있었다. 그 대표작이라할 수 있는 〈송경잡절松京雜絶〉이 왕사정王士禎의 〈진회잡시秦淮雜詩〉와 흡사하다는 평가를 받고 있듯이, 〈서경잡절〉, 〈웅진잡절〉 등 유득공 초기 시의 주류라 할 수 있는 작품들은 왕사정의 시풍과 밀

접한 관련성을 보여준다. 왕사정王士禎은 망국의 도읍지에서 과거와 현재를 교묘하게 교차시키며 모호한 애상哀傷을 표현하는 방식을 주로 구사하였다. 이러한 시풍이 청대 초기의 시단을 풍미할 수 있었던 것은 명왕조의 멸망에 대한 한족 문인 지식인들의 정서를 대변하고 있기 때문이다. 이로써 본다면 유득공은 옛 왕도에 대한 회고적 감상을 매개로 한족 지식인들의 공명을 얻으려 했던 것으로 보인다.

이상에서 살펴본 바와 같이, 우리나라 문학사에서 획기적인 의미를 지닌 《이십일도 회고시》의 체제와 내용은 18세기 한중 문학 교류에 유득공이 적극적으로 대응하며 만들어낸 산물이라 할 수 있다.

4. 맺음말

오늘날 유득공은 우리나라 역사지리 분야에 매우 중요한 성과를 남긴 학자로 주목받고 있다. 그의 《발해고》는 발해를 한국사에 최초로 포함시켜 '남북국시대'라는 새로운 역사관으로 제시하였으며, 《사군지》와 함께 우리나라 북방고대사 연구와 영토의식을 한 차원 높인 성과로 평가받고 있다. 그러나 유득공이 처음부터 역사지리 분야에 관심을 지니고 있었던 것은 아니다. 연행 이전의 유득공은 왕성한 지적 욕구와 불우한 문사로서의 울분을 박물학적 저작이나 문인 취향의 소품문으로 발산하여, 비둘기, 호랑이, 벼루를 다룬 《발합경鵓鴿經》, 《속백호통續白虎通》, 《동연보東硯譜》 등의 저작에 힘쓰고 있었다. 한편 천하에 존재하는 모든 시를 섭렵하겠다는 열정을 불태워 이덕무는 그를 세상에 보기 드문 시의 전문가로 인정하기도 하였고, 시적 성취도 높아 반정균과 이정원은 조선 문학의 '봉황'이요 '대가大家'로 칭송하기까지 하였다. 이와 같이 문사이자 시인이었던 유득공이 1차 연행을 기점으로 역사지리 분야로 관심을 돌리게 되는데, 그 전환점을 보여주는 것이 바로 《이십일도 회고시》이다.

《이십일도 회고시》가 유득공의 저작활동에서 하나의 전환점이 되는 이유는 시작품과 역사기술이 각각 공존하고 있는 특이한 체제에서 드러난다. 따라서 각 나라에 대한 설명을 따로 독립시킨 '재편본'으로의 개정은 유득공의 주관심이 역사지리분야로 옮겨가고 있음을 보여준다. 이러한 전환에는 《이십일도 회고시》를 접한 중국 측 인사들의 반응과 관심도 개입했던 것으로 보인다. 반정균은 《이십일도 회고시》가 여러 시체詩體의 장점을 겸비하고 있을 뿐만 아니라 "더불어 새로운 견문을 넓혀주니 후대에 반드시 전할 작품이다."라고 평하였고, 오숭량吳崇梁은 "그의 회고시는 산수, 인물의 장고掌故를 갖추었다."라고 평하였다. 《이십일도 회고시》는 시로서만이 아니라 국외에 대한 지식을 얻을 수 있는 박학博學의 대상으로 인식되었던 것이다. 유득공이 뒷날에 각종 역사서를 참조하여 각 나라에 대한 설명을 덧붙이고 주석을 보충한 것도 바로 이러한 '박학고거博學考據'의 학문적 경향에 부응하기 위한 것이라 볼 수 있다. 이러한 이유로 오늘날 연구에서는 《이십일도 회고시》가 고증적 시풍을 보여주는 것으로 이해하기도 하는데, 사실상 시작품뿐만 아니라 해설의 내용 또한 고증학과는 거리가 멀며, 우리나라 역사에 대한 가장 보편적이며 객관적 사료를 간명하게 간추려 보여주는 정도라고 보는 것이 타당하다.

한편, 《이십일도 회고시》는 중국에 먼저 알려지고 간행된 사실로 인하여 우리나라에서도 반향을 일으키기도 하였다. 다산 정약용은 아들 정학연에게 시에 대한 가르침을 주면서 다음과 말하였다.

> 우리나라 사람들은 걸핏하면 중국의 일을 인용하는데, 이 또한 비루한 품격이다. 모름지기 《삼국사》·《고려사》·《국조보감》·《여지승람》·《징비록》·《연려실기술》과 기타 우리나라의 문헌들을 취하여 그 사실을 채집하고 그 지방을 고찰해서 시에 넣어 사용한 뒤에라야 세상에 명성을 얻을 수 있고 후세에 남길 만한 작품이 될 것이다. 유득공의 《십육도회고시》(《이십일도 회고시》를 지칭함-필자주)는 중국 사람이 판각하여 책으로 발행하였으니, 이것을 보면 증험할 수 있다.

'조선시'를 쓰겠다고 선언한 다산에게 《이십일도 회고시》는 민족 주체의식을 보여준 모범적 작품으로 인식되었다. 우리나라 역사를 다루고 있고, 더 나아가 우리나라의 전거를 우리나라의 문헌에 의거하여 인용하고 있기 때문에 중국에서도 인정받았다고 본 것이다. 당시 문학과 학문의 판도는 이미 우리나라의 벽을 뛰어넘어 중국으로

까지 넓혀 생각하고 있었으며, 이러한 관점에서 《이십일도 회고시》의 가치가 인정을 받을 수 있었던 것이다. 이와 같이 《이십일도 회고시》는 18세기 한중 문학 교류의 관점에서 보았을 때 그 의의가 분명하게 드러나는 저작이라 할 수 있다.

오늘날 국제화 시대를 맞이하여 유득공의 《이십일도 회고시》를 되짚어 읽어봐야 하는 이유가 여기에 있다고 하겠다.

이철희

이십일도 회고시 번역문

  회상해 보니 무술년戊戌年(1778) 무렵 종현鍾峴[1] 부근에 우거寓居하면서 낡은 집 세 칸에 붓과 벼루, 칼과 자가 뒤섞여 있었는데, 이런 것이 싫증나서 자그만 채마밭에 자주 앉아 있게 되었다. 콩넝쿨과 무꽃 위에 벌과 나비가 한가로이 날아드니 비록 밥 짓는 연기가 여러 번 끊겼지만 의기意氣는 소침하지 않고 그대로였다. 때때로 우리나라의 지지地誌를 열람하면서 한 수의 시를 얻으면 곧 여러 날을 고심하며 읊조리게 되니 어린 아들과 계집아이 종이 모두 이를 듣고 외울 정도였다. 내 마음 씀이 얕지 않았다는 것을 알 수 있다.

  이 해에 무관懋官(이덕무李德懋)과 차수次修(박제가朴齊家)가 연경에 가게 되어 한 부를 베껴 반향조潘香祖 서상庶常에게 부쳤더니, 반향조의 답장을 받아보매, 크게 감탄하고 칭찬을 하면서 "죽지竹枝 · 영사詠史 · 궁사宮詞 등 여러 체體의 좋은 점을 겸하여서 반드시 후세에 전해질 작품이다."라고 하였다. 이묵장李墨莊(이정원李鼎元)은 절구 한 수를 써주었고 축편수祝編修(축덕린祝德麟)는 따로 또 한 권을 달라고 하였다. 다른 나라 사람들이 한 목소리를 내는 것은 자못 즐거워할 일이며, 후세에 전해지고 전해지지 못하고는 굳이 논하지 않아도 된다.

기해년己亥年(1779) 이후 규장각奎章閣에 봉직하면서 임금의 은혜를 입어, 7년 동안 일곱 번 벼슬을 승진하게 되었다. 녹봉은 입고 먹는 것을 마련하기에 족하고, 집은 붓과 벼루를 벌여 놓기에 충분했다. 그러나 직무에 바쁘다보니 시 짓기를 즐기지 않았고, 시를 짓게 되더라도 모두 쉽고 거칠게 이루어져 이전의 고심하며 읊조리던 것이 아니었다. 공무에서 퇴청한 여가에 이 책이 아이들에게 읽히는 것을 보고 나도 모르게 아련한 생각이 들어 이렇게 몇 자 적는다.

을사년乙巳年(1785) 8월, 고운거사古芸居士가 쓴다.

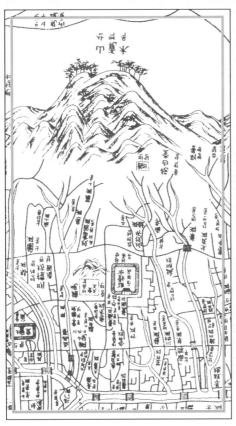

Royal Asiatic Society, 1902년작 서울지도.
종현 부근에 천주당(현 명동성당)이 보인다.

　나는 이 책을 경술년庚戌年(1790) 가을 연경에 갈 때 가지고 갔는데, 기효람紀曉嵐(기윤紀昀) 상서尙書가 가장 옛것을 좋아하는지라 그에게 주었다. 나양봉羅兩峰(나빙羅聘)은 "포이문鮑以文(포정박鮑廷博)에게 보내어 《지부족재총서知不足齋叢書》의 속편에 넣고자 한다."라고 하면서 애써 책을 달라고 하는데 응할 수 없었다. 양봉이 자못 섭섭해하였다.

　차수가 두 번째로 연경에 갔을 때, 양봉의 책상머리에 오사란烏絲欄으로 장정된 책이 놓여 있는 것을 보니 글씨가 정묘精妙한데 효람에게서 빌려다 베낀 것임을 알겠더라고 하였다. 중국의 문인들이 책을 좋아함이 이와 같다.

　내 책상자에는 부본副本이 없어, 기억이 아득하여 지난번의 주석이 어떠했는지를 알 수가 없으므로 사서史書를 참고 검토하여 다시 주석을 붙였다. 나도 내 성벽에 웃음이 나온다.

　　　　　　　　　　임자년壬子年(1792) 2월에 다시 쓴다.

단군조선檀君朝鮮

《동국통감東國通鑑》에, "동방東方에 애초 군장君長이 없었는데, 한 신인神人이 박달나무 아래에 강림하였거늘 그를 세워 임금으로 삼으니 이 분이 단군檀君이다. 국호國號를 조선朝鮮이라 하였는데, 때는 요堯 임금 무진년戊辰年이었다."라고 하였다.

《삼국유사三國遺事》에, "단군은 평양에 도읍하였다."라고 하였다.

대동강은 안개 낀 벌판을 적시며 흘러가고
왕검성에 봄이 드니 한 폭의 그림일세.
만 리 밖 도산塗山에 옥을 갖춰 참예하니
아름다운 아들 해부루를 지금껏 기억하네.

大同江水浸烟蕪, 王儉春城似畵圖.
萬里塗山來執玉, 佳兒尙憶解扶婁.

대동강大同江 | 《여지승람輿地勝覽》에 "대동강은 평양부 동쪽 1리쯤에 있으며 패강浿江이라고도 하고 또 왕성강王城江이라고도 불린다. 그 근

원은 두 갈래이니, 하나는 영원군寧遠郡 가막동加幕洞에서 나오고, 다른 하나는 양덕현陽德縣 문음산文音山에서 나온다. 강동현江東縣 경계에 이르러 서로 합쳐져 서진강西津江이 되고 평양부성平壤府城 동쪽에 이르러 대동강이 되고 서쪽으로 흘러 구진약수九津弱水가 된다. 용강현龍岡縣 동쪽에 이르러 급수문急水門을 나가 바다로 들어간다."라고 하였다.

왕검성王儉城 ┃ 《삼국사기三國史記》에, "평양은 본래 선인仙人 왕검王儉이 살았던 곳이다."라고 하였다. 《동사東史》에, "단군은 이름이 왕검이다."라고 하였다. 《여지승람》에, "연燕나라 사람 위만衛滿이 왕험王險에 도읍했다['험險' 자字는 검儉 자로 된 곳도 있으니 곧 평양이다]."라고 하였다.

도산塗山에 옥을 갖춰[塗山執玉] ┃ 《동사東史》에, "하夏의 우禹 임금 18년 도산塗山에 제후들을 모았는데, 단군이 아들 부루扶婁를 보내 조회하였다."라고 하였다. 《문헌비고文獻備考》에, "단군의 아들 해부루解扶婁가 부여夫餘의 시조始祖가 되었다."라고 하였다.

기자조선箕子朝鮮

《사기史記》에, "무왕武王이 은殷나라를 정벌하고 이어 기자箕子를 조선에 봉했으나, 신하로 여기지 않았다."라고 하였다.

《한서漢書》에, "은나라의 도道가 쇠미해지자 기자는 은을 떠나 조선으로 가서, 그 백성들을 예의로 교화하고 밭 갈고 누에치는 것과 베 짜는 법을 가르쳤다. 낙랑조선樂浪朝鮮의 백성에게 8조八條의 법금法禁²이 있어, 살인한 사람은 그 즉시 죽음으로 죄를 갚게 하고, 남에게 상해를 입힌 사람은 곡식으로 변상하게 하고, 도둑질한 사람은 남자는 적몰籍沒하여 그 집의 노奴로 삼고 여자는 비婢로 삼게 하였으며 스스로 속신贖身하려는 자는 50만 금을 내게 하였다."라고 하였다.

《동국통감東國通鑑》에, "은나라의 태사太師 기자箕子는 주紂의 숙부다. 주紂가 무도無道해지자 기자는 머리를 풀어헤치고 거짓으로 미친체 하며 종이 되었다. 주周나라 무왕武王이 주紂를 정벌하고 기자에게 도道를 물으니 기자는 홍범구주洪範九疇를 지었다. 무왕이 조선에 봉하니, 평양을 도읍으로 삼았다."라고 하였다.

토산兎山의 산색 푸르름에 잠겨있고
석상[翁仲]³의 건巾과 옷자락 풀과 이슬로 덮였네.
임진년 왜구 쫓던 그때인 양
솔바람 한가로이 풍악소리 울려주네.

兎山山色碧森沈, 翁仲巾裾艸露侵.

猶似龍年奔卉寇, 松風閑作管絃音.

토산兎山 | 《여지승람輿地勝覽》에, "기자묘는 평양부의 성 북쪽 토산에 있다."라고 하였다.

석상의 건巾과 옷자락[翁仲巾裾] | 동월董越의 《조선부朝鮮賦》에, "동쪽에 기자의 사당이 있는데 예禮에 따라 나무 신주를 세우고 거기에 '조선후대시조朝鮮後代始祖'라고 썼다. 이는 단군이 나라를 세우고 땅을 개창한 일을 높인 것이다. 기자로써 그 대를 잇고 왕통王統을 전한 임금으로 삼은 것은 마땅하다. 묘는 토산 유성維城의 건좌乾坐에 있다. 두 개의 석상石像이 있는데 당唐나라의 건巾과 옷차림을 한 것 같으며, 알록달록한 이끼가 끼어 있는 것이 마치 문채 있는 비단옷을 입은 것 같다."라고 하였다.

풍악소리[管絃音] | 《문헌비고文獻備考》에, "임진년 난리 때 왜군이 기자묘를 파헤쳤는데, 왼쪽 가를 한 길쯤 팠을 때 풍악 소리가 광중壙中에서

36

흘러나와 두려워서 그만두었다."라고 하였다.

고라니 눈 같은 울타리[4]에 정자井字로 구획된 언덕
한 고을 산뽕나무 바라보니 무성하기도 하다.
누가 알겠는가, 요동 바다 멀고 아득한 너머에
밭갈고 씨뿌리던 은인殷人의 칠십 전七十田이 있었음을.
麋眼籬斜井字阡,　一邨桑柘望芊芊.
誰知遼海蒼茫外,　耕種殷人七十田.

　은인의 칠십전[殷人七十田] | 《평양부지平壤府志》에, "기자의 정전井田은
정양문正陽門과 함구문含毬門 밖에 있는데, 그 구획이 완연하다."라고 하
였다.

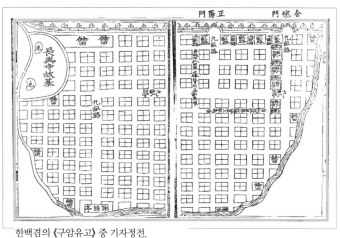

한백겸의 《구암유고》 중 기자정전.

위만조선衛滿朝鮮

《사기史記》에, "조선왕 위만은 원래 연나라 사람이다. 연나라 왕
노관盧綰이 한나라를 배반하고 흉노에 귀속되어 들어가자, 만이 망
명하여 그 무리 천여 명을 모아 상투를 틀고 오랑캐 복장을 하고
동쪽으로 달아나 변방을 벗어나 패수를 건너 진秦나라의 옛 빈 땅의
아래위 소성小城에 거하였다. 조금씩 진번眞番 · 조선朝鮮과 만이蠻夷
들 및 연燕 · 제齊 나라의 망명자를 복속시켜 왕 노릇을 하면서 왕검
[王險]에 도읍을 정하였다."라고 하였다. 색은索隱주에, "만滿은 성이
위衛다. 응소應邵[5]는, '요동에 검독현[險瀆縣]이 있는데 이는 조선왕의
옛 도읍이다.' 라고 하였고, 신 찬瓚[6]은 '검성[險城]은 낙랑군 패수의
동쪽에 있다.' 라고 하였으며, 《괄지지括地志》[7]에, '평양성은 본래 한
나라 낙랑군 왕검성[王險城]이다.' 라고 한다."라고 하였다.

몽치 상투 튼 사람, 한 고조高祖 때 왔는데
당시 조타趙佗[8]와 같이 대우하였네.
한스러워라. 기왕箕王은 분별이 없어
야심품은 호걸을 박사로 삼았네.

魋結人來漢祖年, 同時差擬趙龍川.
箕王可恨無分別, 塡補梟雄博士員.

박사博士 | 《위략魏略》에, "기자의 후예인 조선왕 비否의 아들 준準이 즉위하자 연나라 사람 위만이 준에게 나아가 항복하니 준이 신임하고 총애하여 박사에 임명하고 규圭를 내리고 백 리 땅에 봉하여 서쪽 변방을 지키게 하였다. 만이 망명한 무리를 끌어들여 그 수가 점차 많아지자 이윽고 거짓으로 사람을 보내어 기준에게 고하기를, '한 나라의 군사가 열 갈래의 길로 이르고 있으니 들어가 호위하고자 합니다.' 라고 하고는 드디어 반대로 기준을 공격하니 기준이 위만과 접전했지만 대적하지 못하였다."라고 하였다.

낙랑성 밖에 물결은 유유히 흐르는데
그 누가 저 한대의 제후 추저萩苴[9]를 기억하리.
저 옛날 나루터 관리 아내의
공후인 가락이 길이 빛남만 못하네.
樂浪城外水悠悠, 誰識萩苴漢代侯.
不及當年津吏婦, 箜篌一曲豔千秋.

낙랑樂浪 | 《한서漢書》에, "조선왕 위만이 왕위를 아들에게 전하여 손자 우거右渠에 이르매 끌어 모은 한나라의 망명자들이 더욱 많아졌는데 한 번도 조회朝會하러 오지 않았고 끝내 천자의 명령도 받으려 하지 않았다. 천자가 누선장군樓船將軍 양복楊僕과 좌장군左將軍 순체荀彘를 보내어 조선을 격파하고 평정하여 진번眞番·임둔臨屯·낙랑樂浪·현도玄菟의 사군四郡을 만들었다."라고 하였다. 《문헌비고文獻備考》에, "낙랑군의 치소治所인 조선현은 지금의 평양이다."라고 하였다.

추저萩苴 | 《사기史記》에, "조선의 관리 한음韓陰이 도망해 와서 항복하매 한나라에서 추저후萩苴侯로 봉하였다."라고 하였다.

나루터 관리 아내[津吏婦] | 《고악부古樂府》에 다음과 같이 나온다. "《금조琴操》[10]의 구인九引 중 공후인箜篌引 조에, '공무도하公無渡河라고도 한다. 조선의 나루터 관리자인 곽리자고霍里子高의 처 여옥麗玉이 지은 것이다. 자고가 새벽에 일어나 배를 점검하고 있는데 한 백발의 광부狂夫가 머리를 풀어헤치고 술병을 끼고는 강을 건너는 것을 보았다. 광부의 아내가 따라와서 부르며 말렸으나 닿지 못하여 결국 물에 빠져 죽었다. 광부의 아내는 이에 공후를 끌어당겨 노래하기를, "임이여 강을 건너지 마오, 임은 끝내 강을 건너시네. 임이 물에 빠져 죽으니, 임을 어이할거나[公無渡河, 公終渡河. 公墮而死, 將奈公何.]"라고 하였는데, 노랫소리가 처량하고 슬펐다. 곡이 끝나자 아내 역시 강에 몸을 던져 죽었다. 자고가 돌아

40

와 그 일을 여옥에게 말하니 여옥이 슬퍼하다가 공후를 가지고 그 소리
를 옮겨 실었다.' 라고 하였다."

한韓

《후한서後漢書》에, "한韓에는 세 종류가 있으니 첫째 마한이요, 둘째 진한이요, 셋째 변한이다. 마한은 서쪽에 있어서 54개의 나라를 가지고 있는데, 그 북쪽은 낙랑, 남쪽은 왜와 접하고 있다. 기자 후손 40여대 손인 조선후 기준이 왕을 자칭하였는데, 연나라 사람 위만이 기준을 격파하고 스스로 왕이 되자 준이 이에 그 남은 무리 수천 명을 데리고 달아나 바다를 건너 마한을 침공하여 격파하고 스스로 한왕이 되었다."라고 하였다.

《동국통감東國通鑑》에, "기준이 이미 위만에게 침공을 당하여 나라를 빼앗기고는 바다를 통해 한韓의 땅인 금마군金馬郡으로 들어가 살았다."라고 하였다.

《문헌비고文獻備考》에, "금마金馬는 지금의 익산군인데 금마산金馬山이 있다."라고 하였다.

《여지승람輿地勝覽》에, "기준성箕準城은 익산군 용화산龍華山 위에 있는데 성 둘레가 삼천구백 척이다."라고 하였다.

당시에 한나라 망명자를 잘못 믿었으니

보리 빼어난 은허殷墟, 또 한 봄을 맞았네.

우습구나, 창졸간 바다를 건너는 날에도

뱃머리에 선화부인을 싣고 가네.

當年枉信漢亡人, 麥秀殷墟又一春.

可笑蒼黃浮海日, 船頭猶載善花嬪.

선화부인[善花嬪] | 《삼국지三國志》에, "조선후 기준이 왕을 참칭하다가 연나라 망명인인 위만에게 공격당하여 좌우의 궁인들을 데리고 달아나 바다를 건너 한韓 땅에 거하였다."라고 하였다. 《동사東史》에, "기준을 무강왕武康王이라고 부른다."[11]라고 하였다. 《여지승람輿地勝覽》에, "용화산龍華山[12]은 군의 북쪽 8리 되는 곳에 있다. 세상에 전하기를 무강왕이 인심을 얻어 마한馬韓을 세우고 선화부인과 함께 산 아래에서 노닐었다."라고 하고, 또 "쌍릉雙陵은 오금사五金寺 서쪽 수백 보 되는 곳에 있으니 후조선 무강왕과 비의 능이다."라고 하였다.

전북 익산 금마산의 기준성.

예濊

《한서漢書》에, "무제武帝 원년(BC140)에 예濊나라 군주인 남려南閭 등 인구 28만 명이 항복하거늘 그곳을 창해군滄海郡으로 삼았다."라고 하였다.

《후한서後漢書》에, "예는 북쪽으로 고구려와 옥저, 남쪽으로 진한과 접하며 동쪽으로는 바다까지 닿고 서쪽으로는 낙랑까지 이르는데 본래 조선의 땅이었다."라고 하였다.

가탐賈耽[13]의 《고금군국지古今郡國志》에, "신라의 북쪽 경계인 명주溟州는 옛 예나라이다."라고 하였다.

《문헌비고文獻備考》에, "지금 강릉부江陵府 동쪽에 예나라 때에 쌓은 고성古城의 옛 터가 있다."라고 하였다.

대관령 너머에 큰 동해바다
예藝나라 산천이 해 뜨는 자리 차지하였네.
흥망의 역사 알 리 없는 들녘의 늙은이
밭 사이에서 한가로이 옛 동장銅章을 줍네.

大關嶺外大東洋, 藥國山川蔭搏桑.

野老不知興廢事, 田間閒拾古銅章.

대관령大關嶺 | 《여지승람輿地勝覽》에, "대관령은 강릉부 서쪽 45리에 있는데, 이 주州의 진산鎭山이다. 여진女眞 지역인 장백산長白山에서 산맥이 이리저리 구불구불 뻗어내려 동해가를 차지한 것이 얼마나 되는지 모르나, 이 영嶺이 가장 높다. 원외랑員外郎 김극기金克己의 시에, "가을 서리는 기러기 지나기도 전에 내리고, 새벽 해는 닭이 맨 처음 우는 곳에서 솟아오르네[秋霜鴈未過時落, 曉日鷄初鳴處生.]."라고 했다."라고 하였다.

옛 동장[古銅章] | 《삼국사기》에, "신라 남해왕南解王 16년에 북쪽 명주溟州 사람이 밭을 갈다가 예왕濊王의 인印을 주워서 바쳤다."라고 하였다.

맥貊

《한서漢書》에, "무제武帝가 즉위하고 나서, 팽오彭吳가 예濊·맥貊·조선朝鮮의 길을 뚫었다."라고 하였다.

《후한서後漢書》에, "요동태수遼東太守 제융祭肜[14]이 북방을 위압하고 그 명성이 바다 밖까지 퍼졌다. 이때에, 예·맥·왜倭·한韓 등 만 리 밖에서도 조공을 바쳤다."고 하고, 또 "구려句麗(貊)의 왕 궁宮이 예·맥과 함께 현도玄菟를 침범하여 화려성華麗城을 공격했다."라고 하였다.

《문헌비고文獻備考》에, "맥은 국도國都가 오늘날의 춘천부春川府 북쪽 13리, 소양강昭陽江 북쪽에 있다."라고 하였다.

소양강 물은 창해滄海[15]에 닿았는데
잔존한 통도비通道碑는 가시덤불 속에 묻혔구나.
우리 역사는 반고班固의 기록 살피지 않아
요나라 때 임금이 한나라 때 신하에게 명했다 하네.
昭陽江水接滄津, 通道碑殘沒棘榛.
東史未窮班掾志, 堯時君命漢時臣.

소양강昭陽江 | 《여지승람輿地勝覽》에, "소양강은 춘천부春川府의 북쪽 6리에 있다. 근원이 인제麟蹄의 서화현瑞和縣에서 나와 춘천부 기린현基麟縣의 물과 합류하여 양구현楊口縣의 남쪽에 이르러서 초사리탄艸沙里灘이 되고, 또 부의 동북쪽에 이르러 청연靑淵이 되고 주연舟淵이 되고 적암탄狄巖灘이 되고 소양강이 된다."라고 하였다.

통도비通道碑 | 《동사東史》[16]에, "단군이 팽오彭吳에게 명하여 나라 안의 산천을 구획하고 정리하여 백성의 사는 곳을 안정시켰다."라고 하였다. 《본기통람本紀通覽》[17]에, "우수주牛首州에 팽오의 비碑가 있다."라고 하였다. 《문헌비고文獻備考》에, "팽오는 한漢나라 사람으로 단군의 신하가 아니다."라고 하였다. 매월당梅月堂 김시습金時習의 시에, "팽오로부터 길이 열렸네[通道自彭吳]."라고 하였다.

소양호 주변.

고구려 高句麗

　《위서魏書》에, "고구려는 부여에서 나왔는데, 스스로 선조가 주몽朱蒙이라고 말한다. 주몽의 어머니는 하백河伯의 딸인데, 부여왕이 방안에 가두어두매, 햇빛이 비추어서 몸을 피하는 대로 해 그림자도 쫓아왔다. 임신하여 알 하나를 낳았는데, 크기가 닷 되나 되었다. 물건으로 그것을 싸서 따뜻한 곳에 두었더니, 한 사내아이가 그 껍데기를 깨뜨리고 나왔다. 장성하매 이름을 '주몽朱蒙'이라고 하였는데, 시속의 말로 '주몽'이라는 것은 활을 잘 쏘는 것을 뜻한다고 한다. 부여의 신하들이 주몽을 죽이려 하거늘, 주몽은 곧 오인烏引 · 오위烏違 등 두 사람[18]과 더불어 부여를 떠나 동남쪽으로 도망하였다. 큰물을 만나 건너려 했으나 다리가 없었고, 부여인들이 쫓는 것은 급박하였다. 주몽은 물에 고하기를, '나는 해의 아들이요, 하백의 외손이다. 지금 도망치고 있는데 쫓는 병사들이 다다르고 있으니 어찌하면 물을 건널 수 있겠는가?'라고 하자, 이에 어별魚鼈들이 나란히 떠올라 다리를 이루었다. 주몽이 건너가자 어별들은 곧 흩어져서 쫓던 기병騎兵들은 건너지 못했다. 주몽이 드디어 보술수普述水에 이르러 세 사람을 만났는데, 그중 한 사람은 삼베옷을 입었고 다른 한 사

48

람은 가사袈裟 같은 옷을 입었고 나머지 한 사람은 마름무늬 옷을 입었다. 주몽과 함께 흘승골訖升骨성에 이르러 거기에 거하면서 '고구려高句麗'라 이름하였고, 인하여 '고高'로써 씨氏를 삼았다."라고 하였다.

《삼국사기》에, "고구려의 시조는 동명성왕東明聖王으로 성은 고씨高氏이다. 부여로부터 졸본천卒本川에 이르러 산하山河의 험고險固함을 보고 그곳에 도읍하고자 하여 비류수沸流水 가에 집을 지었다. 이때 그의 나이가 22살이니 한漢 원제元帝 건소建昭 2년(기원전 37년)이었다. 유리왕 22년에 국내성國內城으로 천도하여 위나암성慰那巖城을 쌓았다. 산상왕山上王 13년에 환도丸都로 도읍을 옮겼고, 동천왕東川王 21년에 평양성平壤城을 쌓고 백성과 묘사廟社를 옮겼다."라고 하였다. 《통전通典》에, "고구려는 동진東晉 이래로 평양에 도읍하였다."라고 하였다.

활로 횡행하던 십구 년 만에
기린보마麒麟寶馬 타고 하늘에 조회했다네.
천년의 패기 물처럼 차가워지고
무덤 속엔 흰 옥채찍만이 묻혀있구나.
弧矢橫行十九年, 麒麟寶馬去朝天.
千秋霸氣凉于水, 墓裏消沈白玉鞭.

중국 길림성 집안현의 환도산성 성벽(위)과 환도산성 주변의 고구려 고분군(아래).

기린보마[麒麟寶馬] | 《여지승람》에, "기린굴麒麟窟은 평양부 구제궁九梯宮 안의 부벽루浮碧樓 아래에 있는데, 동명왕東明王이 여기에서 기린마麒麟馬를 길렀다. 세간에 전하기를, '동명왕이 기린마를 타고 이 굴로 들어갔다가 땅속에서 조천석朝天石(하늘에 조회하는 돌)으로 나와 승천하였다.'고 하는데, 말의 발자국이 지금까지도 돌 위에 남아 있다. 조천석은 기린굴의 남쪽에 있다."라고 하였다.

흰 옥채찍[白玉鞭] | 《여지승람》에, "동명왕의 묘는 중화부中和府의 용산龍山에 있는데 속칭 진주묘眞珠墓라고 한다. 세간에 전하기를, '고구려 시조가 항상 기린마를 타고 하늘에 올라가 공사公事를 아뢰었는데, 나이 마흔이 되자 드디어 하늘에서 돌아오지 않았다. 태자가 남겨진 옥채찍[玉鞭]만을 가지고 용산에 장사를 치렀다."라고 하였다.

지난날 부여의 탄자彈子를 끼고 있던 아이
동명왕의 아들 유리라네.
두어 소리 꾀꼬리가 울창한 숲에서 지저귀니
화희가 치희를 꾸짖는 것 같구나.
昔日夫餘挾彈兒，東明王子號琉璃.
數聲黃鳥啼深樹，猶似禾姬罵雉姬.

탄자彈子를 끼고 있던 아이[挾彈兒] | 《삼국사기》에, "유리왕琉璃王은 휘諱 유리類利이다. 처음 주몽朱蒙이 부여夫餘에 있을 때 예씨禮氏 여자와 혼인하매 태기胎氣가 있었다. 주몽이 떠나온 뒤에 아이를 낳았는데, 이가 유리類利이다. 그가 어릴 적에 언덕 위에 나가 놀면서 새를 쏘다가 잘못하여 물 긷던 부인의 물동이를 깨뜨리니, 부인이 꾸짖어 말하기를, '이 아이는 아비가 없는 까닭에 이같이 억세고 사납다.' 라고 하였다. 유리가 부끄러워하며 돌아와 어머니에게, '제 아버지는 누구시며 지금 어디에 계세요?' 라고 묻자, 어머니는, '네 아버지는 보통 사람이 아니어서 나라에서 용납되지 못하고 남쪽 땅으로 도망하여 나라를 세우고 왕이 되셨다.' 고 하였다. 유리가 곧 옥지屋智 · 구추句鄒 · 도조都祖 등 세 사람과 함께 졸본卒本으로 가서 부왕父王을 뵈니 태자로 세우게 되었다." 라고 하였다.

꾀꼬리[黃鳥] | 《삼국사기》의 기록이다. "유리왕은 두 부인을 두었는바, 한 사람은 화희禾姬로 골천인鶻川人의 딸이고, 다른 한 사람은 치희雉姬로 한인漢人의 딸인데, 두 부인이 총애를 다투었다. 왕이 양곡涼谷에 동서로 두 궁宮을 짓고 각각 그들을 두었다. 뒤에 왕이 기산箕山으로 사냥을 나간 사이에, 화희가 치희를 꾸짖어 말하기를, '너는 한가漢家의 비첩婢妾인데 무례함이 어찌 그리 심하냐?' 고 하니, 치희는 부끄럽고 분하여 도망쳐 돌아갔다. 왕이 이를 듣고 말을 채찍질하여 쫓아갔으나 치희는 노하여 돌아오지 않았다. 왕이 일찍이 나무 아래에서 쉬다가 꾀

꼬리가 날아 모여드는 것을 보고 느낀 바 있어, '훨훨 나는 꾀꼬리, 암수 서로 정답구나. 외로운 이내 몸은, 뉘와 함께 돌아갈꼬[翩翩黃鳥, 雌雄相依, 念我之獨, 誰其與歸].'라고 노래하였다."

계립산 앞, 전쟁의 티끌 한창 날릴 제
붉은 명정은 심원춘沁園春[18]을 잊지 못했네.
언제나 씩씩하였던 바보 온달
본래는 꾀죄죄 가소로운 사람이었네.
鷄立山前漲戰塵, 丹旋依戀沁園春.
平生慷慨愚溫達, 自是龍鐘可笑人.

계립산鷄立山 | 《여지승람輿地勝覽》에, "계립산은 문경현聞慶縣 북쪽 20리에 있으며, 속칭 마골산麻骨山이라고도 하니 이는 그 방언이 서로 비슷하기 때문이다."라고 하였다.

바보 온달[愚溫達] | 《삼국사기》의 기록이다. "온달은 용모가 꾀죄죄하여 우스웠는데, 집이 가난하여 걸식으로 모친을 봉양하였다. 낡은 적삼과 해진 신발 차림으로 시정을 오고가니 사람들은 지목하여 '바보 온달'이라 하였다. 평강왕平崗王의 어린 공주가 울기를 잘하였다. 왕은 농담으로 '네가 언제나 울어대어 내 귀를 시끄럽게 하는구나. 자라면 필

시 사대부의 처가 될 수 없으리니, 응당 바보 온달에게 시집보내야겠
다.'라고 하였다. 공주의 나이가 열여섯이 되어 상부上部[19] 고씨高氏에게
시집보내려하자 공주가 말하였다. '대왕께서는 언제나 말씀하시길 반
드시 온달의 처가 되라 하셨는데, 무슨 까닭으로 이전의 말씀을 바꾸십
니까?' 대왕은 성을 내며 '네가 가고 싶은 대로 가거라.' 하였다. 이에
공주는 보배 팔찌 수십 개를 팔꿈치 뒤에까지 두르고 궁을 나와 온달에
게 갔다. 후주後周 무제武帝[20]가 요동을 쳐들어오거늘 평강왕이 이산肄山
의 들에서 맞아 싸웠다. 온달이 선봉에 서서 질풍같이 싸워 논공論功에
있어 일등을 차지하자, 평강왕은 기뻐 감탄하며 '내 사위로다.' 하고는

단양군 영춘면의 온달산성.

예를 갖추어 맞이하여 대형大兄[21]의 작위를 내렸다. 양강왕陽崗王이 즉위하자 온달은 신라를 정벌할 것을 청하였고, 왕은 허락하였다. 온달은 떠나며 맹세하기를 '계립현과 죽령 이서以西를 우리가 되찾아 오지 못한다면 돌아오지 않겠노라.' 라고 하였다. 마침내 신라와 싸움이 벌어졌는데, 날아오는 화살에 맞아 죽고 말았다. 장례를 치르려 하였으나 관이 움직이질 않았다. 공주가 와서 관을 어루만지며 '죽고 사는 일이 결정되었습니다. 아아! 돌아가소서.' 라고 말하자 드디어 관이 들리어 묻을 수 있었다."

요해遼海[22]로 되돌아가는 깃발, 두어 조각 붉은색뿐
넘실거리는 살수薩水는 모래 벌레들을 쓸어버렸네.
을지문덕은 참으로 재사才士로다
오언시五言詩까지 창도하여 동방의 으뜸이 되었네.

遼海歸旌數片紅, 湯湯薩水捲沙蟲.
乙支文德眞才士, 倡五言詩冠大東.

　　살수薩水 ┃ 《여지승람》에, "청천강淸川江을 일명 살수라고도 한다. 묘향산에서 발원하여 안주성 북쪽을 지나 서쪽으로 30리를 흘러 박천강博川江과 합해져 바다로 들어간다." 라고 하였다.

을지문덕乙支文德 | 《삼국사기》에, "을지문덕은 침착하고 용맹하며 지혜가 있었다. 수隋 개황開皇 연간에 양제煬帝가 고구려를 정벌하라는 조서를 내렸다.[23] 좌익위대장군左翊衛大將軍 우문술宇文述은 부여길로 나오고, 우익위대장군右翊衛大將軍 우중문于仲文은 낙랑길로 나와 구군九軍[24]이 함께 압록강에 이르렀다. 을지문덕은 수나라 군사들이 배고픈 기색이 있음을 보고 피곤하게 만들기 위하여 매양 싸울 때마다 번번이 져주어서, 수나라 군사들은 하루에 일곱 번 이긴 일도 있었다. 수나라 군사는 동쪽으로 살수를 건너 평양성과 30리 떨어진 지점에 산을 등지고 영채를 세웠다. 을지문덕이 사신을 보내어 우문술에게 항복하겠노라고 거짓말을 하자 우문술 등은 방진方陣[25]을 짜고 회군하는데, 을지문덕이 군대를 동원하여 사방에서 습격하였다. 살수에 이르러 수나라 군사가 반쯤 건넜을 때 을지문덕은 그 후위를 공격하여 우둔위장군右屯衛將軍 신세웅辛世雄을 죽이니 전체 군대가 궤멸되어 도망쳐서 하루 낮 하루 밤을 달려 압록강에 이르렀다. 수나라 군대가 처음 요동으로 올 때 삼십 만 오천 명이었는데, 요동성에 되돌아왔을 때는 오직 이천칠백 명뿐이었다."라고 하였다.

오언시까지 창도하여[倡五言詩] | 《수서隋書》에, "요동전쟁 때 우중문은 군대를 이끌고 낙랑도를 향하여 나아가 압록강에 이르렀다. 고구려 장수 을지문덕이 거짓으로 항복을 하자 우중문은 그를 잡아두려 하였으나 상서우승尚書右丞 유사룡劉士龍이 굳이 제지하여 드디어 을지문덕을

놓아주었는데, 이윽고 후회하고는 사람을 보내 을지문덕을 속여 말하기를 '의논할 말이 있으니 다시 오는 것이 좋겠다.' 하였으나 을지문덕은 그 말을 듣지 않고 드디어 건너갔다. 우중문은 기병을 선발하여 강을 건너 매양 싸울 때마다 적을 이기니, 을지문덕이 우중문에게 시를 보냈다. '신기한 계책은 천문天文을 궁구하였고, 오묘한 계산은 지리地理를 꿰뚫었도다. 싸움에 이겨 공이 이미 높으니, 만족할 줄 알아 그만두기를 바라오.'"라고 하였다.

고구려를 하구려로 잘못 얕잡아보더니
주필산[26] 푸르른데 황제의 군대는 지치고 말았네.
서경[27]의 홍불기[28]에게 물어보건대
규염객이 바로 막리지 아니런가.

句麗錯料下句麗, 駐蹕山靑老六師.
爲問西京紅拂妓, 虯髥客是莫離支.

　　하구려下句麗 │《후한서後漢書》에, "왕망王莽이 '고구려왕'이라는 명칭을 바꾸어 '하구려후下句麗侯'라고 했다."라고 하였다. 우통尤侗의 《외국죽지사外國竹枝詞》[29]에 "고구려高句麗가 하구려下句麗로 강등되었다."[30]라고 하였다.

주필산駐蹕山 | 《당서唐書》에, "태종이 직접 군대를 거느리고 고구려를 정벌하고자 안시성安市城에 당도하니, 북부 욕살北部傉薩[31] 고연수高延壽와 남부 욕살南部傉薩 고혜진高惠眞 등이 무리를 이끌고 와서 황제에게 항복하였다. 이로 인하여 황제가 행차한 산을 주필산駐蹕山이라 부르고 돌에 새겨 그 군공軍功을 기록하였다. 안시성을 공격하였으나 함락시키지 못하였다. 성중에서는 황제의 깃발을 보기만 하면 곧 성가퀴에 올라 소리를 질러대니, 황제가 노하였다. 강하왕江夏王 도종道宗이 나뭇가지로 흙을 쌓아 안시성 바로 두어 발 아래까지 육박하였다. 과의도위果毅都尉 부복애傅伏愛가 그 토산을 지키고 있었는데, 토산이 위에서부터 무너져 안시성을 덮쳐 성이 무너지고 말았다. 부복애가 사사로이 부대를 이탈한 사이에 고구려 병사들이 무너진 성에서 나와 토산을 점거하고 참호를 파 길을 끊고서는 땔감을 쌓아 불을 붙이고 방패를 둘러 굳게 지켰다. 황제는 부복애를 참하고 조서를 내려 군대를 돌렸다. 고구려 추장酋長[32]이 성에 올라 절하고 사례하니 황제는 그가 잘 지켜냄을 가상히 여겨 비단 백 필을 하사하였다."라고 하였다.

막리지莫離支 | 《당서》에, "개소문이란 자는 개금蓋金이라 부르기도 하고 성은 천泉씨인데[33] 스스로 '물에서 나왔다'라고 말하여 대중을 미혹하였다. 막리지가 되어 나라를 마음대로 하였으니 당唐의 병부상서兵部尚書나 중서령中書令[34]의 직책과 같다 하겠다. 용모는 걸출하고 수려하며 수염이 아름다웠다. 관冠과 복服은 모두 금으로 장식하고 칼 다섯 자루

를 차고 다니니 좌우에서는 감히 올려다보지도 못하였다. 귀인貴人을 땅에 엎드리도록 한 다음 그 등을 밟고 말에 오르기도 하고, 출입할 때에 군대를 늘여 세워 '물러서라' 길게 외쳐, 지나는 사람들이 두려워 숨다가 구덩이에 몸을 빠뜨리는 자까지 있었다."라고 하였다.

해동의 패승稗乘에, "〈규염객전虯髥客傳〉은 비록 당나라의 전기傳奇이지만 또한 반드시 실제로 그런 인물이 있었을 것이다. 살펴보건대, 부여의 땅은 고구려에게 승계되었으니 수당隋唐 교체시기에는 다시 이른바 부여국이란 없었다. 남만南蠻이 '해선海船 천 척과 갑병甲兵 십만으로 부여국에 들어갔다.'[35]고 상주上奏했던 것은 고구려를 부여국이라고 지칭하였던 것인 듯하다. 생각건대 개소문은 동부東部 대인大人[36]의 아들로 의기意氣가 거칠고 오만하여 수나라 말기의 어지러운 틈을 타서 중국을 떠돌며 장차 일을 도모하려다가 문황文皇[37]의 남다른 모습과 도량을 보고서는 동쪽으로 돌아와 군사를 동원해 반란을 일으켜 막리지가 된 것이다."라고 하였다.

보덕 報德

《당서唐書》에, "건봉乾封[38] 원년에 고구려를 정벌할 때에 이적李勣[39]으로 요동도행군대총관遼東道行軍大總管 겸 안무대사安撫大使로 삼았다. 3년에는 평양성을 포위하여 고구려왕 장臧[40]을 잡고, 그 땅을 나누어 9개의 도독부都督府, 42개의 주州, 100개의 현縣을 두고 다시 안동도호부安東都護府를 설치하였다. 총장總章[41] 2년에는 대장 겸모잠鉗牟岑[42]이 무리를 이끌고 반란을 일으켜 장왕臧王의 외손 안순安舜[43]으로 왕을 세웠다."라고 하였다.

《삼국사기》에, "신라 문무왕文武王 10년에 고구려 수림성水臨城[44] 사람 모잠牟岑 대형大兄[45]이 궁모성窮牟城[46]으로부터 서해 사야도史冶島[47]에 이르러 와서 고구려 대신 연정토淵淨土[48]의 아들 안승安勝을 찾아보고 한성漢城으로 맞아들여 임금을 삼은 뒤에, 소형小兄[49] 다식多式 등을 보내어 말하기를, '망한 나라를 일으키고 끊어진 대를 잇게 하는 것은 천하의 공의公義이니, 오직 대국大國에게 기대를 할뿐입니다.'라고 하였다. 왕은 나라의 서쪽 금마저金馬渚[50]에 살게 하고, 안승을 고구려왕으로 봉하였다. 14년에 보덕왕으로 다시 봉하고, 왕의 여동생으로 처를 삼아주었다. 신문왕神文王 2년에는 조정으로 불러

들여 소판蘇判[51]으로 삼고, 김金씨 성을 하사했다."라고 하였다.

《여지승람輿地勝覽》에, "익산군益山郡은 본래 마한국馬韓國인데, 백제가 합병하여 금마저金馬渚라 칭했다."라고 하였다.

봄풀이 푸릇푸릇 우거진 금마저金馬渚
고구려가 남으로 도하渡河한 곳엔 황폐한 성만 남아있네.
누구의 은덕에 보답하게 했는지 알 수 없으나
영웅의 기풍을 지닌 **검대형**劍大兄 애석도하네.

春艸萋萋金馬渚,　句麗南渡有荒城.

未知欲報誰家德,　可惜英風劍大兄.

검대형劍大兄 | 《삼국사기》에, "고구려의 검모잠劍牟岑이 국가를 부흥시키고자 당나라에 대한 반란을 일으켜 왕의 외손인 안순安舜을 왕으로 삼았다."라고 하였고, 또 이르기를, "모잠 대형大兄이 유민을 수합하여 패강浿江 남쪽에 와서 당나라의 관리를 살해했다."라고 하였다. 《당서唐書》에, "총장總章 2년에 고간高偘과 이근행李謹行에게 조서를 내려 행군총관行軍總管으로 삼고 안순을 토벌하도록 하였던 바, 안순이 모잠을 살해하고 신라로 도망쳤다."라고 하였다.

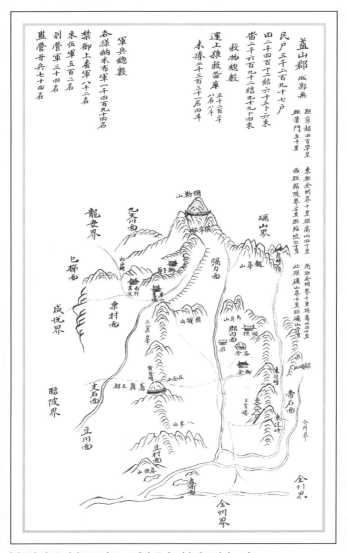

益山郡 城郭無

民戶三千二百九十七戶

田二千四百十二結六千五十六束

畓二千六百九十二結九十九負四束

穀物總數

還上雜穀醬庫 三千二百斗／八石八斗

米捧二萬三千三百石四斗

軍兵總數

各操納米布軍二千四百九十四名

禁御上番軍一千名

束伍軍五百二名

別營軍三十四名

監營牙兵七百七十四名

距京都四百里
距營門五十里
東距全州界十里距高山四十里
西距臨陂界三里距臨陂四里
南距全州界十里距高山四十里
北距礪山界十里距礪山四十里

《해동지도》 중 익산군 고지도, 18세기 중기, 서울대 규장각 소장.

비류沸流

《요사遼史》 지리지地理志에, "정주正州는 본래 비류왕沸流王의 옛 영토인데 나라가 공손강公孫康[52]에게 합병되었다고 하였고, 발해渤海가 비류군沸流郡을 두었는데 비류수沸流水가 있다."라고 하였다.

《삼국사기》에, "고구려 시조始祖 2년에 비류국왕 송양松讓이 와서 항복했는데, 그 지역을 '다물도多勿都'라고 하고, 송양을 주군으로 봉하였다. 고구려의 말에 옛 땅을 회복하는 것을 '다물'이라 한다."라고 하였다.

《여지승람》에, "성천부成川府는 본래 비류왕 송양의 옛 도읍지이다."라고 하였다.

칼 모양의 푸른 봉우리 열두 봉
유거의 강물은 유유히 흘러간다.
주몽을 진정 호걸이라 할 수 있을까
가난하여 푸성귀나 먹는 왕을 속여서 제압했네.
劍樣靑峰一十二, 遊車衣水逝湯湯.
朱蒙不是眞豪傑, 欺負酸寒喫菜王.

칼 모양의 푸른 봉우리[劍樣靑峰] | 《여지승람》에, "흘골산紇骨山은 성
천부成川府의 서북쪽 2리里 거리에 있는데, 빽빽하게 모인 봉우리가 열
두 개이다. 박원형朴元亨[53]의 시에, '강가에 모인 봉우리는 칼처럼 뾰족
하고, 봉우리 앞 강물은 쪽물을 들여놓은 듯하다.'"라고 하였다.

유거의 강물[遊車衣水] | 《여지승람》에, "비류강沸流江은 곧 졸본천卒本川
이니 속칭 '유거의遊車衣 나루'라고 한다. 성천부 서쪽 30보步 거리에 있
다. 그 원류는 둘인데, 하나는 양덕현陽德縣 오강산吳江山에서 나오고, 또
하나는 맹산현孟山縣 대모원동大母院洞에서 나온다. 성천부의 북쪽에 이
르러 합류하여 흘골산을 경유한다. 산에는 네 개의 돌구멍이 있는데 물
이 구멍에 들어갔다가 솟구쳐 나오기 때문에 비류강이라고 칭한 것이
다. 또 자산군慈山郡 우가연禹家淵과 합류하여 대동강으로 들어간다."라
고 하였다.

푸성귀나 먹는 왕[喫菜王] | 《삼국사기》에, "고구려 동명왕이 비류수에
푸성귀의 잎사귀가 물을 따라 흘러내려오는 것을 보고 사람이 상류에
산다는 것을 알았다. 그로 인해 사냥을 하며 찾아들어가, 비류국에 이르
렀다. 비류국왕 송양이 나와 보고 말하였다. '과인은 바다의 한 귀퉁이
에 치우쳐있어, 일찍이 군자를 볼 수 없었습니다. 오늘 서로 만나보니
다행이 아니겠습니까. 그러나 그대는 어디에서 오셨는지 모르겠습니
다.' 동명왕이 대답하였다. '나는 천재의 아들로서 모처에 도읍을 세우

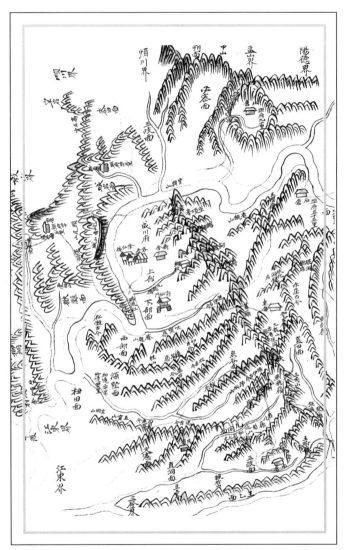

《해동지도》 중 성천부 고지도, 18세기 중기, 서울대 규장각 소장.

려하오.' 송양이 말하였다. '나는 여러 대를 이어 왕이었고 땅도 협소하여 두 군주를 받아들이기에 부족합니다. 그대가 도읍을 세운 지 얼마 안되었으니 나의 속국이 되는 것이 어떻습니까?' 동명왕은 그의 말에 화가 나서 그와 활쏘기로 기교를 다투었는데, 송양은 대적할 수 없었다." 라고 하였다. 《고기古記》에, "동명왕이 비류왕 송양과 활쏘기 실력으로 겨루었다. 송양은 사슴을 그려 백 보가 못 미치는 곳에 두었으나, 사슴의 배꼽을 맞히지 못하였다. 주몽은 옥반지를 백 보 밖에 걸어두었는데, 기와처럼 부서버렸다. 송양이 크게 놀라 도읍을 세운 선후先後를 따져 부속국으로 삼으려했으나, 주몽이 궁실을 만들 때 썩은 나무로 기둥을 세워 마치 천 년이 지난 것처럼 하였다. 때문에 송양은 감히 다툴 수가 없었다."라고 하였다.

백제 百濟

《남사南史》에, "마한馬韓에는 54국國이 있는데, 백제가 그 하나이다. 후에 점차 강대해져서 여러 소국小國을 합병했다."라고 하였다.

《북사北史》에, "백제라는 나라는 대개 마한에 속한다. 처음에 백가百家를 데리고 강을 건너서 인하여 백제라고 칭한 것이다. 그 도성은 '거발성居拔城'이라 하고, 또 '고마성固麻城'이라고도 한다."라고 하였다.

《삼국사기》에, "백제 시조 온조왕溫祚王이 하남河南 위례성慰禮城에 도읍을 세웠는데, 열 명의 신하가 보익輔翼하였으므로 국호를 '십제十濟'라고 하였다. 한漢나라 성제成帝 홍가鴻嘉 3년이었다. 후에 백성들이 기쁘게 복속하여 왔으므로 백제로 개호한 것이다. 그 세계世系는 고구려와 함께 부여扶餘에서 나왔으므로 부여를 씨로 삼았다. 온조왕溫祚王 13년에 한산漢山 아래 목책을 세우고, 14년에 천도하였다. 개루왕蓋婁王 5년에 북한산성北漢山城을 쌓았고, 근초고왕近肖古王 26년에는 한산漢山으로 천도하였다. 문주왕文周王 원년에는 웅진熊津으로 천도하였으며, 성왕 6년에는 사비泗沘로 천도하고 국호는 남부여南扶餘라고 했다."라고 하였다.

《문헌비고文獻備考》에, "백제의 소부리군所夫里郡은 사비라고도 하는데, 지금의 부여현이다."라고 하였다.

노래하는 누각과 춤추는 궁전이 강을 향해 열렸는데
반월성 위에 달빛이 찾아든다.
붉은 담요가 추워 잠들지 못하여
군왕이 자온대自溫臺에 있기를 좋아했다네.
歌樓舞殿向江開, 半月城頭月影來.
紅毯氀寒眠不得, 君王愛在自溫臺.

반월성半月城 | 《여지승람》에, "부여현扶餘縣 반월성은 돌로 쌓아 주위가 1만 3천6척尺인데 이곳이 바로 옛 백제의 도성都城이다. 부소산扶蘇山을 안고 쌓아 양쪽 끝머리가 백마강白馬江에 닿았는데, 그 형상이 반달과 같다."라고 하였다.

자온대自溫臺 | 《여지승람》에, "자온대는 부여현 서쪽 5리에 있다. 낙화암에서 물을 따라 서쪽으로 내려가면 바위가 물가에 걸쳐있는데, 십여 명이 앉을 만하다. 세속에 전하기를, '백제왕이 이 바위에서 놀면 바위가 스스로 따뜻해졌다고 한다.'"라고 하였다.

해 떨어진 부소산 몇 점 봉우리
날씨 찬 백마강 노한 파도 흉흉하다.
어찌하여 성충의 방책을 쓰지 않고
도리어 강 가운데 호국룡을 믿었던가.

落日扶蘇數點峯, 天寒白馬怒濤洶.
奈何不用成忠策, 却恃江中護國龍.

부소扶蘇 | 《여지승람輿地勝覽》에, "부소산은 부여현 북쪽 3리에 있는데,
동쪽 봉우리는 영월대이고 서쪽 봉우리는 송월대라고 한다."라고 하였다.

성충成忠 | 《삼국사기》에, "백제 의자왕義慈王 16년에 좌평 성충이 글을
올려 말하기를 '신臣이 시운의 변화를 살펴보니 반드시 전쟁이 있을 것입
니다. 만일 다른 나라의 군사가 쳐들어오면 육로는 침현沈峴을 통과시키
지 말고, 수로로는 기벌포岐伐浦로 들어오지 못하게 하되, 험새에 웅거하
여 방어한 다음이라야 가능합니다.' 라고 하였으나 왕이 듣지 않았다. 당
병唐兵이 승기勝機를 타고 성에 닥치자 그제야 왕이 탄식하며 말하기를,
'성충의 말을 듣지 않은 것이 후회스럽구나.' 라고 했다."라고 하였다.

호국룡護國龍 | 《여지승람》에, "부소산 아래에 한 바위가 강을 걸터앉
은 듯이 있는데 그 위에 용이 할퀸 흔적이 있다. 세속에 전하기를 '소정
방이 백제를 공격할 때, 강에 이르러 건너려고 하니 풍우가 크게 일어나

므로 백마를 미끼로 삼아 한 용을 잡아내었던바, 잠깐 사이에 개이어 드디어 군사들이 건넜다. 이 때문에 강을 백마강이라 하고 바위를 조룡대釣龍臺[54]라고 했다.' 고 한다."라고 하였다.

비바람 차디찬데 고국을 떠나는 시름
암화巖花 떨어져 다한 곳 강물만 유유하다.
황천이 적막하니 서로 짝할 이 누구인가
같은 처지 강남의 **귀명후**歸命侯로다.
雨冷風凄去國愁, 巖花落盡水悠悠.
泉臺寂寞誰相伴, 同是江南歸命侯.

　암화巖花 │ 《여지승람》에, "낙화암은 부여현 북쪽 1리에 있다. 세속에 전하기를 '의자왕이 당병에게 패하자 궁녀들이 달아나 이 바위에 올라 스스로 강에 떨어졌기 때문에 그렇게 이름 지었다.' 고 한다."라고 하였다.

낙화암. 현 충남 부여군 부여읍 쌍북리.

70

귀명후歸命侯 | 《당서》에, "현경顯慶 5년(660), 조칙으로 좌위대장군左衛大將軍 소정방蘇定方[55]을 신구도행군대총관神邱道行軍大摠管으로 삼아 백제를 치게 하였다. 성산城山으로부터 바다를 건넜는데, 백제가 웅진熊津 입구를 지키므로 소정방이 바로 쳐서 크게 무찌르고 조수를 타고 나아가 성을 함락시켰다. 그리고 의자왕을 붙잡아 경사로 보내고 나라를 평정하여, 웅진熊津·마한馬韓·동명東明·금연金漣·덕안德安의 다섯 군에 도독都督을 두었다. 의자왕이 분통이 터져 죽으매 위위경衛尉卿으로 증직하고 옛 신하들로 하여금 나아가 장사에 임하도록 허락하였으며, 조칙으로 손호孫皓[56]와 진숙보陳叔寶[57]의 묘 왼쪽에 장사지내게 했다."라고 하였다.

욕반浴槃은 낡아 깨어지고 연지는 지워졌으며
석실石室의 장서藏書도 또한 의심스럽네.
가끔 거친 언덕 가을 풀 속에서
지나는 사람 말 멈추고 당비唐碑를 읽는다.
浴槃零落涴臙脂, 石室藏書事可疑.
時見荒原秋草裏, 行人駐馬讀唐碑.

욕반浴槃 | 《부여현지扶餘縣志》에, "현청縣廳 뜰에 돌로 된 반槃이 있는데, 밤에 공무公務를 볼 때에 그 위에 혹 솔을 태워 홰를 밝히기 때문에 새까맣게 그을리고 깎여나갔지만, 은은히 연화를 조각한 무늬가 있다.

전해오는 말에 백제 궁녀가 얼굴을 씻던 반이라고 한다."라고 하였다.

석실石室의 장서[石室藏書] ǀ 《부여현지》에, "현의 풍전역豐田驛 동쪽에 우뚝 선 석벽이 있어, 갈라진 흔적이 마치 문짝과 같은데 '책바위'라고 부른다. 전해오는 말에 '백제 때 책을 보관했던 곳'이라 한다. 옛적 어떤 호사가가 깨뜨려서 열어보려다가 맑은 날 우레가 크게 치므로 두려워서 그만두었다."라고 하였다.

당비唐碑 ǀ 《부여현지》에, "현의 남쪽 2리에 석탑이 있어 '대당평백제국비大唐平百濟國碑, 현경顯慶 오년 경신庚申 팔월 십오일 계미癸未에 세우다. 능주장사陵州長史 병조판서兵曹判書 하수량賀遂亮이 짓고, 낙주洛州 하남河南 권회소權懷素가 쓰다.'라고 새겨 있으니, 대개 소정방蘇定方의 공적을 기록한 글이다.[58] 문체는 변려체이고 필법은 씩씩하고 굳세어 마땅히 우리나라의 고비古碑 가운데 제일이라 할만하다. 현의 북쪽 3리에도 또 유인원劉仁願의 공적[59]을 기록한 비가 있는데, 가운데가 부러지고 글자도 많이 마모되었다."라고 하였다.

정림사지 5층석탑에 새겨진 대당평백제국비명. 현 충남 부여군 부여읍 동남리.

미추홀 彌鄒忽

《삼국사기》에, "주몽朱蒙이 북부여에서 난難을 피하여 졸본부여로 오니 부여왕이 자신의 딸을 아내로 삼아 주었다. 부여왕이 죽자 주몽이 왕위를 이었고, 두 아들을 낳았는데 장남은 비류沸流이고 차남은 온조溫祚이다. 주몽이 북부여에 있을 때 낳은 아들이 와서 태자가 됨에 이르러, 비류와 온조는 태자에게 용납되지 못할까 두려워하여 드디어 오간烏干·마려馬黎 등 열 명의 신하와 함께 남쪽으로 갔는데, 따르는 백성이 많았다. 한산漢山에 이르러 부아악負兒岳[60]에 올라 살만한 땅을 바라볼 적에, 비류는 바닷가에 거처하고자 하므로 열 명의 신하가 간諫하기를 '오직 여기 하남河南 땅이 북으로 한수漢水를 두르고 동으로는 높은 산을 웅거하게 되며 남으로는 비옥한 땅을 굽어보고 서쪽으로는 큰 바다로 막혀 있으니 여기에 도읍하는 것이 또한 좋지 않겠습니까? 라고 하였다. 그러나 비류는 이 말을 듣지 않고 백성을 나누어 미추홀로 가서 자리를 잡고, 온조는 하남 위례성慰禮城에 도읍하였다. 비류가 미추홀이 땅이 습하고 물이 짜서 편안히 살 수 없으므로 위례성으로 돌아와 보니, 도읍이 안정되고 백성들이 태평하므로 드디어 부끄러워하고 후회하면서 죽었다."라고 하였다.

《여지지興地志》에, "지금 인천부 남쪽 10리 해평海坪 위에 큰 무덤이 있는데 담장을 친 옛 터가 그대로 남아 있고 눕고 엎드린 망두석들이 매우 크다. 세속에 전하기를 '미추왕의 묘'라고 한다."라고 하였다.

패수浿水 위에 슬피 노래하며 형제간에 이별하고
산에 오르고 물에 임하며 남행길에 골몰했네.
삼한三韓 땅에는 강굉姜肱의 우애[61]가 적었던가
우뚝한 에분성恚忿城을 쌓지 말아야 했네.
浿上悲歌別弟兄, 登山臨水汨南征.
三韓地劣姜肱被, 休築崢嶸恚忿城.

에분성恚忿城 | 《여지지興地志》에, "지금 인천부 남쪽에 산이 있는데, 이름이 남산南山이다. 일명 문학산文鶴山이라고도 하는데 산 위에 성이 있다. 세상에서 전하기로 '비류가 도읍한 곳인데 왕이 화병이 나서 죽었기 때문에 에분성이라고 이름지었다.'고 한다."라고 하였다.

신라新羅

《북사北史》에, "신라는 그 선조가 본래 진한의 종족이다. 그 영토는 고구려 동남쪽에 있는데, 한나라 때 낙랑 땅에 속해 있었다. 그 왕은 본래 백제인이었는데, 바다로 도망쳐 신라로 들어와 드디어 그 나라에서 왕노릇 했다."라고 하였다.

《삼국사기》에, "신라 시조는 성이 박씨요, 이름은 혁거세이다. 한나라 선제宣帝 오봉五鳳 원년元年 4월 병진일에 즉위하여 거서간居西干이라 칭하였고, 당시 나이는 열세 살이었다. 이에 앞서 고조선의 유민遺民들이 산골짜기 사이에 나누어 살아 여섯 촌락을 이루었으니, 이것이 진한辰韓의 육부六部이다. 고허촌장高墟村長 소벌공蘇伐公이 양산楊山 기슭 나정蘿井 옆 수풀사이에서 말이 꿇어 엎드려 소리치고 있는 것을 바라보고, 가서 살펴보니 문득 말은 보이지 않고 다만 큰 알 하나가 있었다. 그것을 쪼개니 갓난아이가 나와서 거두어 길렀다. 아이의 나이 십여 세가 되자 총명하고 훌륭한 기상으로 숙성하였다. 육부 사람들이 그의 출생이 신이하다고 하여 추존推尊하더니, 이에 이르러 그를 세워 임금으로 삼았다. 진한사람이 호瓠를 박朴이라 일컬었는데, 큰 알이 호瓠와 같았기 때문에 박朴을 성으로 삼았다. 거서간은 진한의 말로 왕이다."라고 하였다.

《문헌비고》에, "신라의 국호는 서야벌徐耶伐, 혹은 사라斯羅, 혹은 사로斯盧라고 한다."라고 하였다.

《동경잡기東京雜記》에, "경주는 원래 신라의 옛 도읍지이다."라고 하였다.

진한 여섯 촌락 가을 연기 서렸는데
서라벌의 번영 생각하면 안타깝다네.
만만파파라 이름이 더 높여진 피리
세 성씨가 일천 년을 비껴 불었다네.

辰韓六部澹秋烟,　徐菀繁華想可憐.
萬萬波波加號笛,　橫吹三姓一千年.

진한 여섯 촌락[辰韓六部]︱《삼국사기》에, "첫 번째는 알천閼川의 양산촌楊山村, 두 번째는 돌산突山의 고허촌高墟村, 세 번째는 자산觜山의 진지촌珍支村, 네 번째는 무산茂山의 대수촌大樹村, 다섯 번째는 금산金山의 가리촌加利村, 여섯 번째는 명활산明活山의 고야촌高耶村인데, 이것이 진한의 육부이다."라고 하였다.

서라벌[徐菀]︱《문헌비고》에, "신라의 국호는 서야벌인데, 후세 사람들이 무릇 수도를 일컬어 '서벌'이라 한 것이 변하여 '서울[徐菀]'이 되었다."라고 하였다.

만만파파萬萬派派 | 《동경잡기》에, "신문왕 때 동해 가운데에 작은 산이 있었는데, 파도를 따라 왔다 갔다 하였다. 왕이 그것을 이상하게 여겨 배를 바다에 띄워 그 산에 들어가 보니, 산 위에 대나무 한 그루가 있었다. 왕이 그것으로 피리를 만들어 불게 하니, 적병이 물러나고 질병이 나았으며, 가뭄에는 비가 내리고 장마에는 맑게 개였으며, 바람은 잠잠해지고 물결은 잔잔해지니, '만파식적'이라 일컬었다. 그것을 대대로 전하여 보배로 여겼다. 효소왕 때에 이르러 이름을 더 높여 '만만파파식적'이라 일컬었다."라고 하였다.

세 성씨[三姓] | 《삼국사기》에, "신라 시조의 성은 박씨요, 탈해 이사금의 성은 석씨요, 미추 이사금의 성은 김씨이다."라고 하였다. 《지봉유설》에, "신라는 나라를 누린 지 거의 일천 년이었고, 삼한을 통합하여 시절은 평화롭고 해마다 풍년이 들어 '신라성대'라 일컬어졌다."라고 하였다.

얼마나 많은 청산 얼마나 많은 불당[62]인가.
황폐한 연못의 기러기와 오리, 짝을 이루지 못하네.
봄바람 부는 골짝 어귀 송화방에
때때로 횡하게 **삽살개** 짖는 소리 들리네.

幾處靑山幾佛幢, 荒池鳴鴨不成雙.
春風谷口松花屋, 時聽寥寥短尾狵.

황폐한 연못의 기러기와 오리[荒池鳴鴨] | 《여지승람》에, "안압지는 경주부 천주사 북쪽에 있다. 신라 문무왕이 연못을 파고 돌을 쌓아 산을 만들어 무산巫山의 열두 봉우리를 본떴는데, 거기에 화훼를 심고 진귀한 새들을 길렀다. 그 서쪽에 임해전臨海殿의 옛 터가 있다."라고 하였다.

송화방[松花屋] | 《동경잡기》에, "신라 김유신金庾信의 종녀宗女 재매부인財買夫人이 죽자, 청연靑淵 위 골짜기에 장사하고, 재매곡이라고 이름하였다. 매년 봄철에 일가의 남녀들이 재매곡의 남쪽 시냇가에 모여서 연회를 한다. 그때는 온갖 꽃이 피고 송화松花가 골짜기에 가득하였다. 골짜기 어

경주 안압지

78

귀에 암자庵子를 짓고, 송화방松花房이라고 이름지었다."라고 하였다.

삽살개[短尾狵] | 《동경잡기》에, "경주 북방이 허虛하였다. 그래서 개들이 대부분 꼬리가 짧은데, 이 개를 '동경구東京狗'라 일컫는다."[63]라고 하였다.

꽃샘바람 속 대보름 맞이하여
서러운 듯 발 구르며 노랫소리 시끄럽네.
해마다 찰밥으로 제사지내는 이 없는데
한 떼의 까마귀 마을을 떠들썩하게 하네.
料峭風中過上元,　忉忉怛怛踏歌喧.
年年糯飯無人祭,　一陣寒鴉噪別村.

도도달달忉忉怛怛 | 《여지승람》에, "서출지는 경주부 금오산 동쪽에 있다. 신라 소지왕 10년 정월 15일에 왕이 천천사天泉寺에 거둥하였는데, 까마귀와 쥐의 이상한 일이 있으므로 왕은 기사騎士에게 명하여 까마귀를 쫓아가게 하였다. 기사가 남쪽으로 피촌避村[64]에 이르니 두 마리의 돼지가 서로 싸우고 있었다. 기사가 서성거리며 그것을 구경하다가 까마귀가 간 곳을 잃어버렸다. 이때 한 늙은이가 연못 속에서 나오더니 서신을 받들어 올렸는데, 겉봉에 다음과 같이 쓰여 있었다. '열어보면 두 사

람이 죽고, 열어 보지 않으면 한 사람이 죽는다.' 라고 쓰여 있었다. 기사가 달려와 이 서신을 왕에게 바치니, 왕이 '두 사람이 죽는 것보다는 열어보지 않아서 한 사람이 죽는 것이 낫다.' 라고 하였다. 일관日官이 아뢰었다. '두 사람은 서인庶人이고, 한 사람은 왕을 이르는 것입니다.' 왕이 그렇다고 여기고 열어 보니, 서신 가운데 '거문고의 갑匣을 쏘아라.' 라고 되어 있었다. 왕이 궁에 들어가 거문고의 갑을 보고 활을 쏘았다. 이에 내전內殿에서 분수焚修[65]하는 중이 궁주宮主[66]와 몰래 간통하고 반역을 꾸미고 있었던 것이다. 궁주와 중은 참형을 당해 죽었다. 그리고 그 연못을 '서출지書出池' 라 이름 지었다."라고 하였다. 또 말하길, "왕이 이미 거문고 갑의 화를 면하자, 나라사람들은 까마귀 · 쥐 · 용 · 말 · 돼지의 공이 아니었다면 왕의 몸은 위태로웠을 것이라고 여겼다. 드디어 정월 상자上子 · 상진上辰 · 상오上午 · 상해上亥 등의 날에 모든 일을 꺼리고 감히 움직이지 않아서 '삼가는 날' 로 삼았다."라고 하였다. 우리말에 '도달怛忉' 은 슬퍼하면서 금기함을 이른다. 또 16일을 오기일烏忌日로 삼아 찰밥으로 까마귀에게 제사지냈다. 나라의 풍속이 지금까지도 그러하다. 《점필재집佔畢齋集》에, '도달가忉怛歌'[67]는 다음과 같다. "섧고 또 설운지고, 임금께서 하마터면 보전치 못할 뻔했네. 유소장[68] 안에 거문고가 거꾸러지니, 어여쁜 왕비[69] 해로할 수 없었네.[怛怛復忉忉, 大家幾不保. 流蘇帳裏玄鶴倒, 揚且之晳難偕老.]

80

금오산 빛 저물녘에도 창창한데

계림의 수풀 반쯤 서리에 물들여졌네.

만 겹 가야산, 인걸 떠난 후

지금 단풍 든 상서장, 쓸쓸도 하네.

金鰲山色晚着蒼, 渲染鷄林一半霜.

萬疊伽倻人去後, 至今紅葉上書莊.

　　금오산金鰲山 ┃《여지승람輿地勝覽》에, "금오산金鰲山은 일명 남산南山이라

하는데, 경주부 남쪽 6리에 있다. 당나라 고운顧雲[70]이 최치원에게 준 시에,

"들으니, 바다 위에 세 마리 금오 있는데, 금오 머리엔 높디높은 산을

이고 있다. 산 위에는 진주궁전 조개대궐 황금전 있고, 산 밑에는 천 리

만 리 드넓은 물결이라네.[我聞海上三金鰲, 金鰲頭戴山高高. 山之上兮 珠宮貝闕黃

金殿, 山之下兮 千里萬里之洪濤.]"라고 하였다.

　　계림鷄林 ┃《삼국사기》에, "탈해 이사금尼斯今 9년 봄 3월에, 왕이 금성

金城 서쪽 시림始林 숲 사이에 닭이 우는 소리가 있다는 것을 듣고 호공瓠

公을 보내 가보게 했더니, 금빛 작은 함이 나뭇가지에 걸려 있고 흰 닭

이 그 아래에서 울고 있었다. 호공이 돌아와 고하거늘, 왕이 사람을 시

켜 그 함을 가져와 열게 하니, 작은 남자아이가 그 속에 있었는데 용모

가 기이하고 훌륭하였다. 왕이 기뻐하며 말하기를, '이 어찌 하늘이 나

에게 아들을 보내주심이 아니겠는가.' 하고, 거두어 길렀다. 장성함에

총명하고 지혜가 많으므로 이에 '알지閼智'라고 이름 하였고, 그가 금빛 함에서 나온 까닭에 성을 김씨라 했다. 시림始林을 고쳐 계림鷄林이라 이름 했는데, 그것으로 인하여 국호를 삼았다."라고 하였다.

가야伽倻 | 《여지승람》에, "가야산은 합천군 북쪽 30리에 있다. 일명 우두산牛頭山이라 한다."라고 하였다.

상서장上書莊 | 《삼국사기》에, "최치원崔致遠은 자가 고운孤雲, 혹은 해운海雲이라고도 했는데, 사량부沙梁部 사람이었다. 나이 열두 살에 사신의 배를 따라 당나라로 들어갔다. 건부乾符(당 희종의 연호) 원년元年 (874), 예부시랑 배찬裴瓚 아래에서 급제하여 율수현위溧水縣尉에 조용되었다가, 치적을 고과하여 승무랑 시어사 내공봉承務郞侍御史內供奉이 되었으며, 자금어대紫金魚袋를 하사받았다. 황소黃巢의 반란에 고변高駢[71]이 제도행영병마도통諸道行營兵馬都統이 되어 그를 토벌할 때, 치원을 불러 종사관으로 삼았다. 광계光啓(당 희종의 연호) 원년(885)에 조서를 가지고 사신으로 왔는데, 그대로 머물러 시독 겸 한림학사侍讀兼翰林學士가 되었고, 외직으로 나가 태산太山[72] 태수太守가 되었다. 서쪽으로 대당大唐을 섬길 때부터, 동쪽으로 고국故國에 돌아와서까지 모두 난세를 만나 다시 벼슬길에 나아갈 뜻이 없었다. 가족들을 데리고 가야산 해인사에 은거[73] 하여 자유롭고 한가롭게 생활하며 늙어서 생을 마쳤다."라고 하였다. 《여지승람》에, "상서장上書莊은 금오산 북쪽에 있다. 고려 태조가 발흥

했을 때 최치원이 필시 그가 천명을 받을 줄 알고 글을 올리면서[上書], '계림은 누런 잎이요, 곡령(송악松嶽)은 푸른 소나무[雞林黃葉, 鵠嶺靑松]'라는 말을 하였다. 후세 사람들이 그가 살던 곳을 이름하여 '상서장上書莊'이라 했다."라고 하였다.

성 남쪽 성 북쪽 울창한 봉우리
해 저무는 창림사에 종소리 울리네.
세월 흘러 서라벌에 전하는 글씨와 그림 보완하니
김생의 비판碑版이요, 솔거의 소나무로구나.
城南城北蔚藍峯, 落日昌林寺裏鍾
開補東京書畫傳, 金生碑版率居松.

김생金生 I 《삼국사기》의 기록이다. "김생은 어려서부터 글씨에 능하였다. 평생 다른 기예를 전공하지 않아, 나이 80이 넘어서도 오히려 붓을 잡기를 그치지 않아, 예서와 행서·초서가 모두 신필의 경지에 들었다. 숭녕崇寧[74] 중에 학사 홍관洪灌[75]이 봉사奉使를 따라 나아가 송나라에 들어가 변경汴京에 묵었을 때, 한림대조翰林待詔 양구楊球·이혁李革[76]이 칙서를 받들고 관에 이르렀으므로 그림 족자를 썼다. 홍관이 김생의 행초行艸 한 권을 보여주니, 두 사람이 크게 놀라 말하기를, '뜻하지 않게 오늘 우군右軍[77]의 수서手書를 얻어 보았네.'라고 하였다. 홍관이 '이는 바로 신라인 김생의 글씨이다.'라고 했으나 두 사람은 그것을 믿지 않았다." 조자앙趙子昂[78]이 창림사비昌林寺碑의 발문에 이르기를, "우右는 당나라 신라승新羅僧 김생金生이 쓴 것이다. 그의 나라 창림사비昌林寺碑의 자획字畫은 깊이 전형典型을 갖추었으니, 비록 당인의 이름난 서각書刻이라도 그보다 나음이 멀리 지날 수는 없다. 옛 사람이 이르기를, '어느 땅엔들 인재가 나지 않겠는가?' 했는데, 참으로 그러하다."라고 하였다. 《여지승람》에, "창림사昌林寺는 금오산에 있었는데, 지금은 폐사되었다. 옛 비석은 있으나 글자는 없다."라고 하였다.

솔거率居 | 《삼국사기》에, "솔거는 그림을 잘 그려, 일찍이 황룡사皇龍寺[79] 벽에 노송老松의 몸체와 줄기, 비늘, 주름을 그렸다. 까마귀와 솔개가 왕왕 그것을 바라보고 날아들어 앉으려다가 실족하여 떨어지곤 하였다. 세월이 오래 지나 색이 희미해져 절의 승려가 단청을 하여 보완하였는데, 까마귀와 솔개가 다시 이르지 않았다. 또 경주 분황사芬皇寺[80] 관음觀音 · 진주 단속사斷俗寺[81] 유마상維摩像이 모두 그의 필치이다."라고 하였다.

삼월초순 답청을 하러 가니
문천의 꽃과 버들, 우거져 그윽하네.
유상곡수流觴曲水[82] 가슴 아픈 일
봄바람에 포석정 오르지 말라.

三月初旬去踏靑, 蚊川花柳鎭冥冥.
流觴曲水傷心事, 休上春風鮑石亭.

　문천蚊川 ｜《여지승람》에, "문천은 경주부 남쪽 5리에 있으며 사등
천史等川 하류이다. 고려 때 김극기金克己의 문천불계蚊川祓禊[83]라는
시가 있다."라고 하였다.

　포석정鮑石亭 ｜《여지승람》에, "포석정은 경주부 남쪽 7리, 금오산
서쪽 기슭에 있는데, 돌을 다듬어 포어鮑魚(전복) 형상을 만든 까닭
에 그렇게 이름 지었다. 유상곡수流觴曲水의 남은 자취가 완연하다."
라고 하였다. 《삼국사기》에, "견훤甄萱이 갑자기 신라의 수도에 침입
하니, 그때 왕과 왕비, 빈어嬪御(잉첩)가 포석정에 나와 노닐며 술자
리를 벌여 즐기고 있었다. 침입을 받자 낭패스러워 어찌할 바를 몰
랐다. 시종과 신료臣僚 및 궁녀, 영관伶官(악관)들이 모두 잡혀 죽었
다."라고 하였다.

경주 포석정

명주溟州

　《삼국사기》에, "신라 선덕왕이 서거했으나 아들이 없어, 뭇 신하들이 의논하여 족자族子인 주원周元을 세우고자 하였다. 주원은 서울에서 북쪽 20리에 살고 있었는데, 마침 큰비가 내려 알천閼川이 불어나서 건널 수가 없었다. 어떤 사람이 '하늘이 혹시 주원을 세우지 않고자 함인가. 지금 대상등大上等 경신敬信은 전왕前王의 아우로서 덕망이 본디 높으며 임금의 체모體貌가 있다.'라고 하였다. 이에 여러 사람들의 의논이 합치되어 그를 옹립하기로 하자, 이윽고 비가 그치니, 나라 사람들이 모두 만세를 불렀다."라고 하였다.

　《여지지輿地志》에, "주원周元은 화를 두려워하여 물러나 명주에 살면서 조회도 요청도 하지 않았다. 2년 뒤 주원을 봉하여 명주군왕으로 삼고, 명주溟州(강릉)·익령翼嶺(양양)·삼척三陟·근을어斤乙於(평해)·울진蔚珍 등지를 분할하여 식읍으로 주었다."라고 하였다.

　《문헌비고》에, "명주는 지금의 강릉부江陵府이다."라고 하였다.

계림의 진골, 대왕의 지친至親인데
구치九雉를 동해 가에 나누어 이바지했네.
가장 생각나는 건 꽃 같은 연못 위의 여인
어서魚書를 멀리 유학 온 사람에게 부쳤다네.
雞林眞骨大王親, 九雉分供左海濱.
最憶如花池上女, 魚書遠寄倦遊人.

진골眞骨 | 《삼국사기》에, "신라 사다함斯多含은 계통이 진골에서 나왔
다."라고 하였고, 또 설계두薛罽頭[84]는 말하길, '신라는 인재를 등용할 때
골품을 논한다.'라고 하였으며, 영호징令狐澄은 《신라국기新羅國記》에서,
'그 나라는 왕을 일러 제1골第一骨이라 하며, 나머지 귀족을 일러 제2골
第二骨이라 한다.'"라고 하였다.

구치九雉 | 《문헌비고》에, "신라 제도에 왕은 날마다 쌀 서 말과 수꿩
아홉 마리를 먹는다."[85]라고 하였다.

어서魚書를 멀리 부침[魚書遠寄] | 《고려사악지高麗史樂志》의 기록이다.
"고구려 속악부俗樂部에 명주곡溟州曲이 있다. 세상에서 전하기를, 한 서
생이 유학遊學 중에 명주에 이르렀다가 어떤 양가집 딸을 보았는데, 자
색이 아름다운데다 자못 글을 알았다. 생이 매양 시로써 그녀를 꾀고자
하니, 여자가 말하기를, '부녀자가 함부로 남을 좇을 수 없습니다. 생이

급제하기를 기다려 부모의 명이 있으면 일이 잘 이루어 질 것입니다.'
하였다. 생은 곧 경사로 돌아가 과거공부를 익혔다. 여자 집에서는 장차
사위를 맞아들이려 하였다. 여자는 평소에 못에서 물고기를 길렀는데,
물고기는 기침 소리를 들으면, 반드시 먹을 것이 있는 곳으로 나아왔다.
여자가 물고기에게 밥을 주며 말하기를, '내가 너희들을 오래 길렀으니
의당 나의 뜻을 알 것이다.' 하고 백서帛書를 던져주니 어떤 큰 물고기가
뛰어 올라 백서를 삼킨 채 유유히 가버렸다. 생이 경사에 있으면서, 하
루는 부모님을 위해 반찬을 갖추느라 생선을 사서 돌아와 그것의 배를
가르다가 백서帛書를 얻었다. 놀라고 기이하게 여겨, 즉시 백서 및 아버
지의 편지를 가지고 곧장 여자 집으로 나아가니, 사위될 사람이 이미 문
에 이르러 있었다. 생은 편지를 여자 집에 보이고 드디어 이 곡을 노래
하니, 여자의 부모가 기이하게 여겨 말하기를 '이는 정성에 감동된 바
이니, 사람의 힘으로 능히 할 수 있는 바가 아니다.' 하고 그 사위될 사
람을 보낸 뒤 생을 맞아들였다."《강계지疆界志》[86]에, "신라 왕의 아우 무
월랑無月郞[87]은 두 아들이 있는데 장남을 주원周元,[88] 차남을 경신敬信이라
한다. 어머니는 명주溟州 사람인데, 애초에 연화봉蓮花峯 아래 살았으므
로 연화부인蓮花夫人[89]이라 불렀다. 주원을 명주에 봉함에 이르러 연화부
인은 주원에게서 봉양을 받았다. 명주곡溟州曲[90]은 연화부인의 일이며,
서생은 무월랑을 가리킨다. 또 명주는 바로 신라 때 설치된 것으로 고구
려 때 명칭이 아니니, 명주곡은 마땅히 신라악新羅樂에 속한다."라고 하
였다.

금관金官

《남제서南齊書》에, "가라국加羅國은 삼한三韓의 종족으로, 건원建元 원년元年(479년)에 국왕 하지荷知가 사신을 보내 왔거늘 '보국장군본 국왕輔國將軍本國王'을 제수했다."라고 하였다.

《북사北史》에, "신라는 가라국迦羅國의 부용국이다."라고 하였다.

《삼국사기》 주註에, "가야伽倻는 혹 가라加羅라고 이른다."라고 하였다.

《가락국기駕洛國記》에, "후한後漢 광무제光武帝 건무建武 18년 3월에, 가락의 아홉 추장이 물가에서 계음禊飲[91]을 하다가, 귀지봉龜旨峯을 바라봄에 이상한 기운이 있어 나아가 보니 자주색 끈으로 묶은 금합이 내려왔다. 금합을 열어보니 금빛으로 된 여섯 개의 알이 있어 모셔 두었는데, 다음날 여섯 개의 알이 갈라지고 여섯 동자가 나왔다. 날로 총명하고 훌륭해졌으며 10여 일 만에 신장이 구 척이 되매, 여러 사람이 한 사람을 받들어 종주宗主로 삼으니 즉 수로왕首露王이다. 금합에서 태어나, 인하여 성을 김씨라 하고, 국호를 가야伽倻라 하니, 곧 신라 유리왕儒理王 18(AD42)년이었다. 나머지 다섯 사람은 오가야의 종주가 되니, 동으로 황산강黃山江을, 서남으로 바다를, 서북으로 지리산智異山을, 동으로 가야산伽倻山을 경계로 삼았다."라고 하였다.

《여지승람輿地勝覽》에, "'오가야는 고령高靈은 대가야大伽倻이고 고성固城은 소가야小伽倻이고 성주星州는 벽진가야碧珍伽倻이고 함안咸安은 아라가야阿那伽倻이고 함창咸昌은 고령가야古寧伽倻이다.' 라고 하였고, 또 '귀지봉龜旨峯은 김해부金海府 북쪽 3리에 있고 수로왕궁의 옛 터가 부府 안에 있다.'"라고 하였다.

《여지지輿地志》에, "수로왕의 무덤은 김해부 서쪽 삼백 보쯤 되는 곳에 있는데 무덤 옆에 사당이 있고, 귀지산龜旨山 동쪽에 왕비의 무덤이 있는데 김해 사람들이 정월, 5월, 8월에 함께 제사지냈다."라

《동국지도》 중 경상도 부분, 15세기, 서울대 규장각 소장. 오가야의 지명을 확인할 수 있다.

고 하였다.

《지봉유설芝峯類說》에, "임진년에 왜적이 수로왕의 무덤을 발굴하였는데 두개골의 크기가 구리 항아리 같았다. 관棺 곁에 여자 두 명이 있었는데 안색이 살아있는 듯하였으며, 광 밖으로 꺼내두니 곧 삭아버렸다."라고 하였다.

《문헌비고文獻備考》에, "가락駕洛은 혹 가락伽落이라 하고, 또 가야伽倻라고도 하는데, 후에 금관金官이라 고쳤다."라고 하였다.

옛 가야 찾아오니 죽지竹枝[92]에 목이 메는데
파사탑婆娑塔 그림자는 호계虎溪 가에 비치네.
돌아봄에 지는 해가 서쪽 바다에 잠기니
붉은 깃발 강창포로 들어오는 때인 듯하네.
訪古伽倻咽竹枝,　婆娑塔影虎溪湄.
回看落日沈西海,　正似紅旗入浦時.

옛 가야 찾아오니[訪古伽倻] ┃ 포은圃隱 정몽주鄭夢周의 '김해연자루金海鷰子樓' 시에, "옛 가야 찾아오니 풀빛은 봄인데 흥망이 몇 번 변해 바다가 티끌되었나."라고 하였다.

파사탑婆娑塔 ┃ 《여지승람輿地勝覽》에, "파사석탑婆娑石塔은 호계虎溪 가

에 있는데, 무릇 오층으로 빛이 붉게 아롱졌으며 조각한 것이 매우 기이
하다. 세상에서 전하기를, '허황후가 서역에서 올 때 배 안에 이 탑을
실어 파도를 진정시켰다.'"라고 하였다.

호계虎溪 | 《여지승람輿地勝覽》에, "호계는 김해부 성 가운데 있다. 물
의 근원이 분산盆山에서 나와, 남으로 강창포江倉浦에 흘러 들어간다."라
고 하였다.

붉은 깃발이 강창포로 들어오다[紅旗入浦] | 《가락국기駕洛國記》에, "동
한東漢 건무제建武帝 24년에 허황후許皇后가 아유타국阿踰陁國으로부터 바
다를 건너 이르렀는데, 붉은 비단 돛과 붉은 비단 깃발이 바다 서남쪽
모퉁이로부터 북쪽을 가리키는 것을 바라보고, 수로왕은 궁궐 서쪽에
서 만전幔殿(장막으로 만든 임시 궁전)을 배설하고 기다리니, 왕후가 배를
매고 육지에 올라 높은 봉우리에서 쉬면서 입고 있던 비단 바지를 벗어
산신령에게 폐백으로 드렸다. 왕후가 도착하자 왕이 맞이하여 만전으
로 들이고 이틀이 지나 함께 연輦을 타고 궁궐로 돌아와 황후로 세웠다.
나라 사람들이 처음 와서 배를 매었던 곳을 '주포主浦'라 부르고, 비단
바지를 벗었던 곳을 '능현綾峴'이라 부르고, 붉은 깃발이 바다에 들어왔
던 곳을 '기출변旗出邊'이라 불렀다."라고 하였다. 《여지승람輿地勝覽》에,
"허황후는 혹자가 말하기를, 남천축국南天竺國의 왕녀로 성은 허씨이고,
이름은 황옥黃玉이며, 호는 보주태후普州太后라고 한다."라고 하였다.

대가야大伽倻

《삼국사기》에, "진흥왕眞興王 23년(562), 이사부異斯夫에게 가야伽倻를 토벌할 것을 명하고 사다함斯多含[93]을 부장으로 삼아, 오천 기병을 거느리고 전단문旃檀門으로 달려 들어가 흰 깃발을 꽂으니 성 안의 사람들이 두려워 어찌할 바를 몰랐다. 이사부가 병사를 끌고 이르니 일시에 모두 항복하였다."라고 하였다.

《여지지輿地志》에, "대가야大伽倻는 지금의 고령현高靈縣으로, 현 남쪽 1리에 궁궐 옛 터가 있다. 또 돌우물이 있는데 어정御井이라 부른다."라고 하였다.

《문헌비고文獻備考》에, "대가야에 시조는 이진아고왕伊珍阿鼓王이니 마지막 도설지왕道設智王에 이르기까지 무릇 16대이다."라고 하였다.

천년 고산유수의 음률
영영한 열 두 줄의 금琴.
처량한 지나간 일 물어보는 이 없고
붉은 잎만 서리 맞아 비단숲을 지었네.

千載高山流水音, 泠泠一十二絃琴.
凄涼往事無人間, 紅葉迎霜作錦林.

십이현금[一十二絃琴] ｜ 《여지승람輿地勝覽》에, "가야국 가실왕嘉悉王의
악사 우륵于勒이 중국의 진쟁秦箏[94]을 본떠 금琴을 만들고 '가야금伽倻琴'
이라 불렀다. 고령현高靈縣 북쪽 3리의 지명을 금곡琴谷이라 하는데, 세
상에서 전하기를, '우륵이 악공을 거느리고 금琴을 익힌 곳'이라 한다."
라고 하였다. 《지봉유설芝峯類說》에, "가야국왕이 십이현금을 만들었으
니 지금 '가야금伽倻琴'이라고 하는 것이 곧 그것이다."라고 하였다.

비단숲[錦林] ｜ 《여지승람輿地勝覽》에, "고령현 서쪽 2리에 오래된 무덤
이 있는데, 세상에서 '금림왕릉錦林王陵'이라 일컫는다."라고 하였다.

94

감문甘文

《삼국사기》에, "신라 조분助賁 이사금尼斯今 2년에 이찬伊飡인 우로
于老를 대장군으로 삼아 감문국甘文國을 토벌하여 격파하고 그 땅을
군郡으로 삼았다."라고 하였다.

《여지지輿地志》에, "감문甘文은 지금의 개령현開寧縣으로, 감문산은
현 북쪽 2리에 있다. 또 유산柳山은 현 동쪽 2리에 있는데, 유산 북쪽
에 감문국의 옛 터가 아직도 남아있다."라고 하였다.

장희는 가버리고 들꽃은 향기로운데
묻혀있는 낡은 비석, 옛 효왕의 능이라네.
서른 명의 용감한 병사 크게 징발했다고 하니
달팽이 뿔 위에서 천백 번 싸운 것인가?[95]

獐姬一去野花香, 埋沒殘碑古孝王.
三十雄兵曾大發, 蝸牛角上鬪千場.

장희獐姬 | 《여지승람輿地勝覽》에, "장릉獐陵은 개령현 서쪽 웅현熊峴에

있는데, 세상에서 감문국甘文國 장부인獐夫人의 능이라 일컫는다."라고
하였다.

효왕孝王 ㅣ 《여지승람輿地勝覽》에, "개령현 북쪽 20리에 큰 무덤이 있
는데, 세상에서 감문국의 금효왕릉金孝王陵이라고 전한다."라고 하였다.

서른 명의 용감한 병사[三十雄兵] ㅣ 《동사東史》에, "감문국이 크게 병사
서른 명을 징발하였다."라고 하였다. 《문헌비고文獻備考》에, "감문국은
아마도 지극히 작은 나라인 듯하다."라고 하였다.

《여지도》 중 개령현 지도, 18세기, 서울대 규장각 소장.

우산于山

《삼국사기》에, "신라新羅 지증마립간智證麻立干 13년에 우산국于山國이 귀복歸服하여 해마다 토산품을 바치기로 하였다. 우산국은 명주溟州의 정동쪽 해도에 있는데 울릉도鬱陵島라고도 한다."라고 하였다.

《여지승람輿地勝覽》에, "울릉도는 무릉武陵이라고도 하고 또 우릉羽陵이라고도 하는데 울진현 정동쪽 바다 가운데 있다. 땅은 사방 백리이고 흙이 기름지다. 대나무는 나무 기둥만 하게 크고, 쥐는 고양이만 하게 크고, 복숭아씨는 되박[升]만 하게 크다."라고 하였다.

봄바람에 오량五兩[96]을 단 **나범**邏帆이 도는데
바닷가 복사꽃은 적막하게 피었네.
오직 보이는 것은 언덕에 올라 누워있는 물개들
다시 사자가 사람을 치러 오지는 않는다네.
春風五兩邏帆廻, 海上桃花寂寞開.
唯見可之登岸臥, 更無獅子撲人來.

울릉도 통구미 향나무 자생지.

나범邏帆 | 《문헌비고文獻備考》에, "울릉도에 시호柴胡[97] · 고본藁本[98] · 석남石楠[99] · 등초藤草[100]와 각종 향목香木이 나는데 노죽蘆竹은 크기가 아름드리가 되는 것이 많고 노죽의 열매와 복숭아씨는 술잔이나 되[升]만큼 크다. 본조本朝에서는 도망한 백성을 쇄출刷出하여 그 땅을 비워버리고 3년마다 한 번 사람을 보내어 살펴보게 하되 관官에서 도끼 15자루를 지급하여 그곳에 있는 대나무와 목재를 벌채하고 또 토산물을 채취하여 조정에 공납케 하여 이를 신물信物로 삼았다. 삼척영장三陟營將과 월송만호越松萬戶가 서로 교대하여 들어갔다."라고 하였다.

물개들[可之] | 《문헌비고》에, "울릉도 바닷가에 짐승이 있는데 소와 같은 형체이고 붉은 눈동자에 뿔은 없다. 떼를 지어 해안海岸에 누웠다가 사람이 혼자서 가는 것을 보면 해치지만 많은 사람과 만나면 달아나 물속으로 들어간다. 이름을 가지可之[101]라고 한다."라고 하였다.

사자獅子 | 《삼국사기》에, "이사부異斯夫는 아슬라주阿瑟羅州[102]의 군주軍主가 되어 우산국의 병합을 꾀하였는데 그 나라 사람들이 어리석고 사나워서 계략으로 복속시킬 수 있다고 생각하고 이에 나무 사자를 많이 만들어서 전선戰船에 싣고 그 나라에 이르러 고하기를 '너희들이 항복하지 않으면 이 짐승을 풀어서 밟아 죽이겠다'고 하니 그 사람들이 두려워서 항복했다."라고 하였다.

탐라耽羅

《북사北史》에, "백제百濟 남해南海로 가면 탐모라국耽牟羅國이 있는데 그 땅에 노루와 사슴이 많다. 백제의 부용국附庸國이다."라고 하였다.

《당서唐書》에, "용삭龍朔[103] 초에 담라儋羅라는 곳이 있어, 그 왕 유리도라儒理都羅가 사신을 보내어 입조入朝하였는데 그 나라는 신라新羅 무주武州 남쪽 섬 위에 있다. 풍속이 질박하고 누추하여 큰 돼지가 죽옷을 입고 여름에는 가죽으로 만든 집에 살고 겨울에는 굴속에서 산다. 처음에는 백제에 부속되었다가 뒤에 신라에 부속되었다."라고 하였다.

《탐라국기耽羅國記》에, "처음에 세 신인神人이 있어 땅 속에서 솟아나왔으니 양을나良乙那·고을나高乙那·부을나夫乙那라고 했다. 세 을나가 거칠고 궁벽한 곳에서 돌아다니며 사냥하였는데 가죽옷을 입고 고기를 먹으며 살았다. 하루는 붉은 띠에 자주색 옷을 입은 사람을 보았는데 함函에 푸른 옷을 입은 처녀 세 사람과 망아지 송아지와 오곡의 종자를 싣고 바다를 건너 와서 말하기를 '나는 일본국日本國 사신이다. 우리 왕이 이 세 딸을 낳고 말하기를 '서해 가운데 신의 아들 세 사람이 내려와서 장차 나라를 열려고 하는데 배필이 없으므로 이 세 딸을 보낸다'고 했다'라고 하였다. 세 을나乙那가 나이 순서로 나누어 장가들고 오곡을 파종하고 망아지와 송아지를 기르니 날로 번성해졌다. 양을나가 사는 곳은 제일도第一都라 하고 고을나가 사는 곳은 제이도第二都라 하고 부을나가 사는 곳은 제삼도第三都라고 했다.[104] 고을나의 12대 손 고후高厚 고청高淸의 형제 세 사람이 배를 만들어 바다를 건너 탐진耽津에 정박碇泊하니 신라의 태평성대 때였다. 이때에 객성客星[105]이 남방南方에 보였는데 태사太史가 아뢰기를 '다른 나라 사람이 와서 조회할 징조徵兆입니다'라고 하였다. 후厚의 무리가 이르매 왕이 기쁘게 여겨 후를 일컬어 '성주星主'[106]라 하였으니 별의 상象을 움직였기 때문이었다. 청淸에게 바짓가랑이 밑으로 나오게 하고 사랑하기를 자기 자식과 같이하여 '왕자王子'[107]라고 일컫고 또 그 막내를 이름하여 '도내都內'라 하였다. 나라 이름을 탐라耽羅라 하였으니 탐진에 배를 대고 신라에 조회하였기 때문이었다. 각각 보개寶蓋와 의대衣帶를 주어서 보냈다. 이로부터 신라를 섬기어 드디어 고씨高氏로 성주를 삼고 양씨良氏로 왕자를 삼고 부씨夫氏로 도상都上을 삼았는데 뒤에 양良을 양梁으로 고쳤다."[108]라고 하였다.

《여지승람輿地勝覽》에, "제주濟州는 본래 탐라국耽羅國인데 혹은 탁라乇羅라고 하고 또 탐모라耽牟羅라고도 한다."라고 하였다.

세 을나성乙那城에 장기 안개 걷히고
탐진강耽津江 어귀엔 높은 돛배 들어왔네.
맨 처음 이미 모흥혈毛興穴[109]이 있었는데
어찌하여 남의 바짓가랑이 밑으로 나왔던가.

三乙那城瘴霧開, 耽津江口峭帆廻.

厥初還有毛興穴, 何必他人袴下來.

　　탐진耽津 |《문헌비고》에, "지금의 강진현康津縣이 신라의 탐진이다."
라고 하였다.

　　모흥혈毛興穴 |《여지승람》에, "제주목濟州牧의 진산鎭山 북쪽 기슭에
혈穴이 있는데 '모흥혈' 이라고 한다. 곧 세 을나가 솟아나온 곳이다."라
고 하였다.

모흥혈[삼성혈].

후백제後百濟

《삼국유사》에, "견훤甄萱은 상주尙州 가은현加恩縣 사람이다. 체모體貌가 웅대雄大 기이奇異하고 지기志氣가 출중했다. 종군從軍하여 서남해西南海의 방수防戍에 부임赴任하여 그 공로로 비장裨將이 되었다. 신라 진성왕眞聖王 6년에 도적들이 벌떼같이 일어났는데 견훤이 무리를 불러 모아 경도京都 서남西南쪽의 주현州縣들을 치니 가는 곳마다 동성상응同聲相應하였다. 드디어 무진주武珍州를 습격하고 완산完山에 도읍하여 스스로 후백제왕後百濟王이라 일컫고 사신을 보내어 후당後唐에 들어가 번신藩臣이라 칭하였다. 당唐에서 책정策定하여 검교태위겸시중檢校太尉兼侍中으로 판백제군사지절도독전무공등주군사判百濟軍事持節都督全武公等州軍事하고 행전주자사해동사면도통지휘병마제치등사백제왕行全州刺史海東四面都統指揮兵馬制置等事百濟王이라 하고 식읍食邑은 이천오백 호二千五百戶로 했다."라고 하였다.

《여지승람》에, "옛 토성土城은 전주부全州府 북쪽 5리에 있는데 견훤이 쌓은 것이다."라고 하였다.

등창난 늙은이 지난 일 아득한데
옛 토성 동편엔 붉은 잎 어지러이 날리네.
새 새끼 찾던 금산사의 일이 가련可憐한데
나라의 흥망이 절영총絶影驄과 무슨 관계랴?
往事悠悠疽背翁, 繽紛紅葉古城東.
可憐探穀金山寺, 亡國何關絶影驄.

등창난 늙은이[疽背翁] | 《삼국사기》에, "견훤은 아들 10여 명이 있었
는데 넷째 아들 금강金剛이 키가 크고 지혜가 많았다. 견훤이 그를 사랑
하여 왕위를 전하려 하였는데 그의 형 신검神劍이 견훤을 금산사 불당에
가두고 금강을 죽이고 스스로 대왕이라 일컬었다. 견훤이 막내아들 능
예能乂 딸 쇠복哀福과 애첩愛妾 고비姑比 등과 함께 고려高麗로 달아났다.
고려 태조太祖가 후한 예禮로 대접하고 높여서 상부尙父를 삼았다. 견훤
이 등창이 터져서 황산黃山 불당에서 죽었다."라고 하였다.

붉은 잎 어지러이 날리네[繽紛紅葉] | 포은圃隱 정몽주鄭夢周의 '전주全州
만경루萬景樓' 시에, '푸른 산 어슴푸레한 부여국夫餘國, 붉은 잎 어지러이
날리는 백제성百濟城[靑山隱約夫餘國, 紅葉繽紛百濟城].'이라 하였다.

절영총絶影驄 | 《고려사高麗史》에, "견훤이 절영도絶影島의 총마驄馬를
왕건 태조에게 바쳤는데 뒤에 '절영도의 명마名馬가 이르면 백제가 멸

104

망한다.' 는 참언讖言을 듣고서 그 일을 후회하여 사람을 시켜 되돌려주기를 청하였다. 태조가 웃으면서 그것을 허락하였다."라고 하였다.

금산사 미륵전. 현 전북 김제시 금산면.

태봉泰封

《자치통감資治通鑑》에, "당唐나라 천우天祐(904~907) 초기에 고려高麗 석굴사石窟寺의 애꾸눈인 중 궁예躬乂가 무리를 모아 개주開州에 웅거하여 왕이라 일컫고 태봉국泰封國이라 하였다. 후량後梁 정명貞明(915~920)[110] 때에 좌랑위佐郞尉 김립기金立奇를 보내 오吳나라에 들어와 공貢을 바쳤다"라고 하였다.

《삼국사기》에, "궁예弓裔는 신라인으로 아버지는 헌안왕憲安王(?~861)인데 혹은 경문왕景文王(?~875)의 아들이라 하기도 하였다. 머리를 깎고 중이 되어 호를 선종善宗이라고 하였으며 훤칠하고 담력이 있었다. 신라 말에 많은 도적이 봉기하였는데, 궁예는 북원北原(원주)의 도적인 양길梁吉의 군대에 투신하였다. 양길은 병영의 임무를 맡기고 군사를 나누어 동쪽 지방을 공략하게 했던바 드디어 저족猪足·생천牲川·부약夫若·금성金城·철원鐵圓 등의 성을 격파하였다. 천복天復(901~903) 원년元年에 왕이라 일컫고 국호를 마진摩震이라 하고 연호를 무태武泰로 하였으며 청주靑州의 백성 천여 가호를 옮겨 철원성鐵原城에 들어가 수도로 삼았다. 무태武泰(904~905)를 고쳐 성책聖册(905~910) 원년으로 삼고 패강 서쪽 땅을 13진鎭으로 나누어 정하였다. 주량朱梁 건화乾化(911~915) 원년에 성책聖册이란 연호를 고쳐 수덕만세水德萬歲(911~914)라 하고 나라 이름을 태봉泰封이라 하였다. 궁예는 스스로 미륵불彌勒佛이라 일컬으며 머리에 금책金幘을 쓰고 몸에 방포方袍를 입었다. 장자長子를 청광보살靑光菩薩이라고 부르고 계자季子를 신광보살神光菩薩이라 불렀다. 나갈 때에는 백마白馬를 타고 다녔는데, 말갈기와 꼬리를 무늬 있는 비단으로 꾸미고 남자아이와 여자아이들에게 일산과 향화香火를 받들고 앞에서 인도하게 하였으며, 또 비구니 200명에게 찬불가를 부르며 뒤를 따르게 했다."라고 하였다.

《여지승람輿地勝覽》에, "풍천원楓川原은 궁예가 도읍했던 곳으로 철원부 북쪽 20리에 있다. 궁전터가 완연히 남아있다."[111]라고 하였다.

까막까치 나르는 저쪽 옛 궁전 터인데
철원 동녘 제패한 업적 처량도 하네.
단옷날 나무 활 걸어 놓은 것[112] 아직도 기억하니
계림의 늙은 설공薛公[113]은 되지 않았네.
烏鵲飛邊認故宮, 凄凉覇業黑金東.
設弧猶記端陽節, 未作鷄林老薛公.

까막까치[烏鵲] | 송강松江 정철鄭澈의 〈관동별곡關東別曲〉에, "궁예왕의 옛 궁궐에 오작烏鵲이 처량하게 지저귀니 천고의 흥망을 아는 듯 모르는 듯"이라고 하였다.

철원 동녘[黑金東] | 《고려사高麗史》, 〈세가世家〉에, "당나라 상인인 왕창근王昌瑾이 우연히 시중市中에서 한 사람을 만났다. 그 외모가 크고 훌륭했으며 머리와 수염이 모두 하얀 사람이었다. 그는 왼손에 세 개의 사발을 가지고, 오른 손에는 한 오래된 거울을 들고 있었는데, 거울은 한 자쯤 되어보였다. 그가 창근에게, '내 거울을 사겠는가?' 라고 묻기에, 창근은 쌀 두 말을 주고 거울을 샀다. 거울 주인은 쌀을 받아 길을 따라 가면서 거지 아이들에게 나눠 주고 가버렸는데, 그 빠르기가 회오리바람과 같았다. 창근이 거울을 저자 벽에 걸어 놓자 햇빛이 옆으로 비치매 은은하게 가는 글자가 있어 읽을 수 있었다. 그 글에는, '삼수 중과 사유四維[114] 아래, 상제가 진辰ㆍ마馬에 아들을 내려 보낸다. 먼저 닭을 잡

철원 일대.

고 뒤에 오리를 칠 것이니, 이것을 운수가 일삼갑一三甲에 찼다고 하는 것이다. 어두우면 하늘에 오르고 밝으면 땅을 다스리며 자년子年을 만나면 큰 위업을 일으킨다. 종적을 가리고 성명을 감추니 혼돈 속에서 누가 신愼과 성聖을 알아볼 것인가? 법의 우레를 진동시키고 신의 번개를 번쩍이며 사년巳年에 두 용이 나타나리라. 그 하나는 푸른 나무에 몸을 감추고, 다른 하나는 흑금黑金의 동쪽에 그림자를 나타낸다. 지혜로운 자는 보고 우매한 자는 보지 못한다. 구름을 일으키고 비를 내리며 사람들과 함께 정벌을 한다. 때로는 성하게 보이고 때로는 쇠하게 보이기도 하니 성하고 쇠함이 나쁜 잔재를 없애려 함이다. 이 용의 아들 서넛이 여섯 갑자에 대를 바꾸어 가며 계승할 것이다. 이 사유四維에서 축丑을 멸하게 될 것이니 바다 건너와 항복함에는 유酉를 기다려야 한다. 이 글을 만약 현명한 임금에게 보이면 나라와 백성이 편안하고 임금은 길이 창성한다. 나의 기록은 전부 1백 47자이다.' 라고 적혀 있었다. 창근이 처음에는 글이 있는 줄 몰랐다가 그것을 보고나서 비상한 일로 여겨 궁예에게 바쳤다. 궁예는 창근에게 물색하여 그 사람을 찾도록 하였는데, 한 달이 다 되도록 찾을 수 없었다. 다만 동주東州(철원)의 발삽사勃颯寺에 치성광여래熾盛光如來 불상 앞에 토성土星의 오랜 소상이 있는데 그것이 거울 주인과 닮았고, 좌우 손에도 역시 사발과 거울을 들고 있었다. 창근은 기뻐하며 그 일을 자세히 써서 올렸다. 궁예는 경탄하고 기이하게 여기며 문인 송함홍宋含弘 · 백탁白卓 · 허원許原 등에게 그 글을 해석하게 하였다. 함홍 등이 서로 말하기를, '진辰 · 마馬는 진한辰韓 · 마한馬韓이라는 뜻이고, 청목青木은 소나무이니, 송악군을 가리킨다. 흑금黑金은 철이니 이는 지금의 도읍인 철원[鐵圓]을 말한다. 지금 왕이 처음 여기서 융성해졌는데 마침내 여기에서 멸한다는 것인가. 먼저 닭을 잡고 뒤에 오리를 친다는 것은 왕시중王侍中(王建)이 나라를 차지하고 난 뒤 먼저 계림鷄林을 얻고 다음에 압록강까지 얻는다는 뜻이다' 라고 하였다. 세 사람은 서로 의논하기를, '궁예왕은 시기가 많아 사람을 많이 죽였으니 만약 사실대로 말하면 왕시중은 반드시 해를 만날 것이고 우리들도 또한 해를 면하지 못할 것이다.' 라고 하고 이에 거짓말로 보고했다."라고 하였다.

단옷날 나무 활 걸어 놓은 것[設弧端陽] | 《삼국사기》에, "궁예는 5월 5일에 태어났는데 이미 이빨이 있었다. 이에 헌안왕憲安王이 그것을 미워하여 칙령勅令으로 죽이게 하자 사자使者가 강보를 취하여 누대 아래에 던졌다. 시비侍婢인 유모乳母가 몰래 받아 들다가 손으로 눈을 잘못 찔러 한쪽 눈을 잃게 되었다."라고 하였다.

고려高麗

《오대사五代史》에, "후당後唐 명종明宗 장흥長興 3년에 고려 권지국 사權知國事 왕건王建이 사신을 보내왔거늘 명종明宗이 왕건을 현도주 도독玄菟州都督에 임명하여 대의군사大義軍使에 충당하고 고려국왕高 麗國王에 봉하였다."라고 하였다.

《고려사高麗史》에, "태조 신성神聖 대왕의 성은 왕王씨요, 이름은 건 建이며, 자는 약천若天이니, 송악군 사람이다. 신라의 국정이 혼란하 자 궁예弓裔는 고구려의 옛 땅에 웅거하여 철원에 도읍하고 국호를 태봉泰封이라고 하였다. 태조太祖를 정기대감精騎大監에 제수하였으 며, 공명이 드러나매 여러 관계官階를 올려 파진찬波珍粲이 되게 하고 시중侍中을 겸하게 하였다. 후량後梁 정명貞明 4년에 기장騎將[115] 홍유 洪儒 · 배현경裵玄慶 · 신숭겸申崇謙 · 복지겸卜智謙 등이 비밀리에 모의 하여 왕으로 추대하였다. 국호를 고려라 하고 연호를 천수天授로 고 쳤다. 태조 2년 송악산松岳山 남쪽에 도읍을 정하였다."라고 하였다.

《문헌비고文獻備考》에, "개성부開城府는 옛 고려국의 도읍이다."라 고 하였다.

황량한 스무 여덟 왕릉,
비바람에 해마다 칠등漆燈[116]이 어둡다.
진봉산進鳳山 속 붉은 철쭉꽃은
봄이 오면 그래도 스스로 층층이 피네.
荒涼二十八王陵, 風雨年年暗漆燈.
進鳳山中紅躑躅, 春來猶自發層層.

스무 여덟 왕릉[二十八王陵] | 《문헌비고文獻備考》에, "고려 태조太祖 이
하 스물여덟의 왕릉은 개성부開城府의 송악산松岳山 · 진봉산進鳳山 · 벽곶
동碧串洞 · 봉명산鳳鳴山 등 여러 곳에 있다."라고 하였다.

진봉산進鳳山의 철쭉꽃[進鳳躑躅] | 《여지승람輿地勝覽》에, "진봉산進鳳山은
개성부開城府의 동남쪽 9리에 위치하고 있으며 두견화杜鵑花가 많이 피기
때문에 세상 사람들이 '진봉산의 철쭉'으로 일컫는다."라고 하였다.

봉연鳳輦이 느릿느릿 제희帝姬가 하가下嫁할 때
봄이 찬데 털 장막치고 양羊기름으로 액막이하네.
부생浮生을 백안白眼으로는 계교하기 어려운 법
붉은 눈물이 먼저 작약 꽃가지를 적시네.
鳳輦透遲降帝姬, 春寒氈帳祓羊脂.
浮生白眼應難較, 紅淚先沾勺藥枝.

제희帝姬 | 《고려사高麗史》에, "충렬왕忠烈王의 후비后妃 제국대장공주齊國大長公主[117]는 이름이 홀도로게리미실忽都魯揭里迷失이니 원 세조元世祖의 딸이다. 원종元宗 15년에 충렬왕이 세자世子로서 원나라에 있을 때 공주와 혼인했다."라고 하였다.

양羊기름으로 액막이하네[祓羊脂] | 《고려사》에, "충렬왕이 왕위를 이어 공주와 함께 동으로 귀국할 때, 공주와 함께 연을 타고 개경開京으로 들어오니 부로父老들이 서로 경하하였다. 황제가 탈홀脫忽로 하여금 공주를 전송케 하였는데, 탈홀이 먼저 이르러 궁려穹廬[118]를 설치하고 흰 양羊기름으로 불제祓除하였다."라고 하였다.

백안白眼 | 《고려사》에, "공주가 왕자를 낳으니 정화궁주貞和宮主[119]가 연회에서 하례하며 술을 따랐다. 왕이 공주를 돌아보자 공주가 말하기를 '어찌하여 백안白眼으로 나를 보십니까? 혹 궁주가 나에게 꿇어앉아서 그런 것입니까?' 하고, 드디어 연회를 파하도록 명하고 전각에서 내려와 대성통곡하였다."라고 하였다.

작약 꽃가지[勺藥枝] | 《고려사》에 "충렬왕 22년 5월 수녕궁壽寧宮[120]에 작약이 활짝 피었는데, 공주가 한 가지를 꺾어오라 하여 한참동안 받아들고 보더니 감상感傷에 젖어 눈물을 흘렸다. 병을 얻어 훙薨하니 나이 39세였다."라고 하였다.

중조中朝의 조자앙趙子昂[121]과 친분을 맺으니
풍류로운 도위 심양왕瀋陽王이라네.
다른 사람에게 정동행성征東行省을 주관케 하고[122]
원元에 머물러 노구蘆溝[123]의 만권당에 취하여 지났네.
結識中朝趙子昂, 風流都尉揔瀋陽王.
教人提擧征東省, 留醉蘆溝萬卷堂.

심양왕瀋陽王 | 《원사元史》에, "고려왕 거昛(충렬왕忠烈王의 아들) 원源(충선왕忠宣王)이 왕위를 계승하였다. 성종成宗 초년에 보다시리공주[寶塔實憐公主][124]와 혼인하였으며, 11년에 심양왕瀋陽王[125]에 봉하게 되었다."라고 하였다.

정동행성[征東省] | 《원사元史》에, "지원至元(원세조元世祖 연호) 21년(1284)에 고려에 정동행중서성征東行中書省[126]을 세웠다."라고 하였다.

만권당萬卷堂 | 《고려사》에, "충선왕忠宣王은 휘가 장璋이고, 예전 휘諱는 원謜이며 몽고 휘는 이지르부카[益智禮普化]이다. 원에 가서 숙위宿衛한 지 십 년 만에 인종仁宗을 보좌하여 내란을 진정시켰고, 무종武宗을 영립迎立하였다. 대위大尉로서 연경燕京 저택에 머물면서 만권당萬卷堂[127]을 지어, 서사書史로 자오自娛하였다. 요수姚燧[128]·염복閻復[129]·원명선元明善[130]·조맹부趙孟頫가 모두 왕의 문정門庭에서 노닐었다."라고 하였다.

은촉은 별빛 같이 대궐의 문을 비추고
시 짓는 사람들 **모란꽃 핀 정자**에 많이 올랐네.
지금까지 깨진 기와조각이 **숭산**嵩山에 있는데
다시는 **삼호요전청**三呼繞殿青을 들을 수 없네.

銀燭如星照禁扃, 題詩多上牧丹亭.
如今破瓦嵩山在, 不復三呼繞殿青.

모란꽃 핀 정자[牧丹亭] | 《이상국집李相國集》[131]에, "산호정山呼亭[132]에 모란이 활짝 피니 시를 짓는 자들이 많아, 백인百人에 이르렀다."라고 하였다. 《여지승람輿地勝覽》에, "산호정은 연경궁延慶宮[133] 안에 있다."라고 하였다.

숭산嵩山 | 《여지승람》에, "송악松岳은 개성부開城府 북쪽 5리에 있다. 처음 이름은 부소扶蘇이고, 곡령鵠嶺이라고도 하며 숭산崧山이라고도 하며 또 신숭神嵩이라고도 한다."라고 하였다.

삼호요전청三呼繞殿青 | 《고려사》에, "충혜왕忠惠王 때, 송악이 밤에 울렸다. 왕이 괴이하게 여겨 물으니 진무작금陳無作金이 아뢰기를 '걱정할 것이 없습니다. 옛 시에 숭악嵩岳이 세 번 울리면서 궁전을 둘러 푸르도다라는 구절이 있습니다.' 하니 왕이 기뻐했다."라고 하였다.

송악산 만월대.

손을 들어 전조前朝 재상의 집 가리켜보니
황폐한 정원에 비바람 치고 흙담이 기울었네.
모란牧丹과 공작孔雀이 쇠해져 다 없어지고
노랑나비만 쌍쌍이 나물 꽃에 날아드네.

指點前朝宰相家, 廢園風雨土牆斜.

牧丹孔雀凋零盡, 黃蝶雙雙飛菜花.

　　모란과 공작[牧丹孔雀] | 《고려사》에, "신종神宗 초에, 참지정사參知政事 차약송車若松[134]과 특진特進 기홍수奇洪壽[135]가 함께 중서성中書省에 들어갔다. 약송이 홍수에게 묻기를 '공작이 잘 있느냐?' 하니, 대답하기를 '생선을 먹다가 목구멍이 뼈에 걸려 죽었다.' 하였다. 이내 모란을 키우는 법을 묻자 약송이 자세히 말해주었다. 듣는 사람들이 기롱했다."라고 하였다.

조수가 밀려들고 빠져나가는 급수문急水門
해마다 장사하는 배들 강마을에 이르네.
모여 있는 열두 봉우리 무산巫山과 흡사한데
다만 세 마디 울음에 눈물 흘리는 원숭이만[136] 없구나.

潮落潮生急水門, 年年商舶到江村.

攢峯十二巫山似, 只少三聲墮淚猿.

118

급수문急水門 | 《송사宋史》에, "예성강禮成江은 두 산 사이에 있고 석협石峽으로 묶어놓은 듯하며 물살이 소용돌이치고 급하게 내려가는데, 급수문急水門이라고 하는 곳이 가장 험하다."라고 하였으며, 《대명일통지大明一統志》[137]에, "급수문은 개성 남쪽 바다 가운데 있는데 무협巫峽과 흡사하게 생겼다."라고 하였다.

장사하는 배[商舶] | 《고려사》에, "송나라 상인은 예성강에 집결한다."라고 하였다.

천수원天壽院 남문에 봄빛이 저물 때
붉은 다락 푸른 집 그림자가 들쭉날쭉
바람 도롱이 비 삿갓은 어느 마을 사람이기에
종일토록 읊조리며 해오라기를 바라보는고.
天壽南門春暮時, 丹樓碧閣影參差.
風簑雨笠何村客, 終日沈吟看鷺鷥.

천수원天壽院 | 《여지승람》에, "천수원天壽院은 성의 동쪽에 있으니 곧 천수사天壽寺의 옛 터이다."라고 하였다.

해오라기를 바라보는고[看鷺鷥] | 《고려사》에, "강일용康日用이 〈노사鷺

鶯〉 시를 짓고자 하여 매양 비를 무릅쓰고 천수사天壽寺 남쪽 시내에 이
르러 노사를 보곤 하였다."[138]라고 하였다.

자하동紫霞洞 골짜기에 풀이 파릇파릇

나란히 말 타고 오던 궁녀 볼 수 없구나.

이곳은 신왕辛王[139]이 행락하던 곳인데

지금도 제비들이 쌍쌍이 날고 있네.

紫霞洞裏艸霏霏, 不見宮姬並馬歸.

爲是辛王行樂地, 至今猶有燕雙飛.

　자하동紫霞洞 | 《여지승람》에, "자하동紫霞洞은 송악산松岳山 아래에 있
다. 동부洞府는 깊고 험하며 계곡물은 맑고 물결이 잔잔하여 가장 명승
지로 알려져 있다."라고 하였다.

　신왕辛王 | 《명사明史》에, "고려왕 전顓(恭愍王)이 아들이 없어 총신寵臣
신돈辛旽[140]의 자식 우禑를 아들로 삼았다."라고 하였다. 《고려사》에, "신
우辛禑의 어릴 적 이름은 모니노牟尼奴이고 신돈의 비첩 반야般若의 소생
이다."라고 하였다.

　제비들이 쌍쌍이 날고 있네[燕雙飛] | 《고려사》에, "신우辛禑가 기생 연

쌍비燕雙飛로 하여금 활을 차고 젓대를 불게하고, 용을 수놓은 옷을 입혀서 말고삐를 나란히 하여 다녔다.”라고 하였다.

가련하다, 푸른 나무에 용을 감추지 못하니
천년 곡령鵠嶺의 소나무[141]만 소슬할 뿐.
쇠로 만든 개 쓸쓸히 동쪽 향해 짖으니
흰 구름이 날아 다함에 삼각산 봉우리가 보이네.
可憐靑木未藏龍,   蕭瑟千年鵠嶺松.
鐵犬寥寥東向吠,   白雲飛盡見三峯.

　　쇠로 만든 개[鐵犬] | 《송경잡기松京雜記》[142]에, “세상에서 전하기를, ‘신승神僧 도선道詵[143]이 고려 태조를 위하여 도읍을 송악의 남쪽에 정하였다. 조금 뒤에 구름이 걷히고 동남쪽에 한양漢陽의 삼각산三角山이 하늘 가에 돌올하게 솟은 것을 보고 놀라 넘어지며 크게 탄식하고는, 쇠로 된 개 열두 마리를 만들어 그쪽으로 짓게 하였다. 대개 삼각산이 송악의 규봉窺峰[144]이 되기 때문이다.’ 라고 한다.”[145]라고 하였다. 지금 개성 동쪽에 좌견리坐犬里[146]가 있다.

이십일도 회고시 원문

序

憶戊戌年間, 寓居鍾崗, 老屋三楹, 筆硯與刀尺雜陳, 以是爲苦, 多坐小圃之傍, 荳棚菁花, 蠢蝶悠揚. 雖炊烟屢絕, 意氣自若. 時閱東國地誌, 得一首, 輒苦吟彌日, 稚子童婢, 皆聞而誦之, 可知其用心不淺也.

是歲, 懋官・次修入燕, 手抄一本, 寄潘香祖庶常. 及見潘書, 大加嗟賞, 以爲兼竹枝・詠史・宮詞諸體之勝, 必傳之作. 李墨莊, 爲題一絕, 祝編修, 另求一本, 異地同聲, 差可爲樂, 傳不傳, 不須論也.

己亥以後, 供奉內閣, 被聖主恩, 七年七遷官, 俸祿足以資衣食, 堂宇足以置筆硯. 顧職務倥傯, 不喜作詩, 有作, 皆率易而成, 非復疇昔之苦吟. 公退之暇, 見此卷爲兒輩所讀, 不覺悵然, 題之如此. 乙巳仲秋, 古芸居士.

余此卷, 庚戌秋携至燕中, 紀曉嵐尙書, 最好古, 贈之. 羅兩峰云, "欲寄鮑以文, 續刻知不足齋叢書中", 力求, 無以應, 兩峰頗怏怏. 次修再入燕, 見兩峰案頭置一本烏絲欄書, 字畫精妙, 知從曉嵐處借鈔也. 中國之士, 嗜書如此.

余篋中, 更無副本, 茫然不知舊註之如何, 考訂前史, 再爲箋釋, 亦自笑其癖也. 壬子仲春又題.

124

檀君朝鮮

《東國通鑑》, "東方初無君長, 有神人, 降于檀木下, 立爲君, 是爲檀君, 國號朝鮮, 唐堯戊辰歲也."[147]《三國遺事》, "檀君都平壤."[148]

大同江水浸烟蕪, 王儉春城似畫圖. 萬里塗山來執玉, 佳兒尙憶解扶婁.

大同江 《輿地勝覽》, "大同江, 在平壤府東一里, 一名浿江, 又名王城江. 其源有二, 一出寧遠郡加幕洞, 一出陽德縣文音山, 至江東縣界, 合流爲西津江, 至府城東, 爲大同江, 西流爲九津弱水, 至龍岡縣東, 出急水門入海."[149]

王儉城 《三國史》, "平壤者, 本仙人王儉之宅也."[150]《東史》, "檀君名王儉."[151]《輿地勝覽》, "燕人衛滿, 都王險險一作儉, 卽平壤."[152]

塗山·執玉 《東史》, "夏禹十八年, 會諸侯於塗山, 檀君遣子扶婁, 朝焉."[153]《文獻備考》, "檀君子解扶婁, 爲夫餘始祖."[154]

箕子·朝鮮

《史記》, "武王旣克殷, 乃封箕子於朝鮮, 而不臣也."[155] 《漢書》, "殷
道衰, 箕子去之朝鮮, 敎其民以禮義, 田蠶織作. 樂浪朝鮮民, 犯禁八
條, 相殺以當時償殺, 相傷以穀償, 相盜者, 男沒入爲其家奴, 女子爲
婢, 欲自贖者, 人五十萬."[156] 《東國通鑑》, "殷太師箕子, 紂諸父也. 紂
無道, 箕子被髮, 佯狂爲奴, 周武王伐紂, 訪道于箕子, 箕子爲陳洪範
九疇. 武王封于朝鮮, 都平壤."[157]

兎山山色碧森沈, 翁仲巾裾艸露侵. 猶似龍年奔卉寇, 松風閒作管絃音.

兎山 《輿地勝覽》, "箕子墓, 在平壤府城北兎山."[158]
翁仲 · 巾裾 董越《朝鮮賦》, "東有箕祠, 禮設木主, 題曰朝鮮後代
始祖, 蓋尊檀君爲其建邦啓土, 宜以箕子爲其繼世傳緖也. 墓在兎山維
城乾隅. 有兩翁仲, 如唐巾裾, 點以爛斑之苔蘚, 如衣錦繡之文襦."[159]
管絃音 《文獻備考》, "壬辰之亂, 倭掘箕子墓, 左邊一丈許, 樂聲自
壙中出, 懼而止."[160]

麋眼籬斜井字阡, 一邨桑柘望芊芊. 誰知遼海蒼茫外, 耕種殷人七十田.

殷人七十田 《平壤府志》, "箕子井田, 在正陽含毬二門外, 區畫宛
然."161

衛滿朝鮮

《史記》, "朝鮮王滿者, 故燕人也. 燕王盧綰, 反入匈奴, 滿亡命, 聚黨千餘人, 魋結蠻夷服, 而東走出塞, 渡浿水, 居秦故空地上下障. 稍役屬眞番‧朝鮮蠻夷及燕‧齊亡命者, 王之, 都王險."[162] 索隱曰, "滿, 姓衛. 應劭云, '遼東有險瀆縣, 朝鮮王舊都.' 臣瓚云, '險城, 在樂浪郡浿水之東也.' 括地志云, '平壤城, 本漢樂浪郡王險城.' "[163]

魋結人來漢祖年, 同時差擬趙龍川. 箕王可恨無分別, 塡補梟雄博士員.

博士 《魏略》, "箕子之後, 朝鮮王否子準立, 燕人衛滿, 詣準降, 準信寵之, 拜爲博士, 賜以圭, 封之百里, 令守西邊. 滿誘亡黨, 衆稍多, 乃詐遣人告準言, '漢兵十道至, 求入宿衛.' 遂還攻準, 準與滿戰, 不敵也."[164]

樂浪城外水悠悠, 誰識萩苴漢代侯. 不及當年津吏婦, 箜篌一曲艷千秋.

樂浪 《漢書》, "朝鮮王滿, 傳子至孫右渠, 所誘漢亡人滋多, 未嘗入

128

見, 終不肯奉詔. 天子遣樓船將軍楊僕, 左將軍荀彘, 擊定朝鮮, 爲眞番 · 臨屯 · 樂浪 · 玄菟四郡."[165] 《文獻備考》, "樂浪郡治朝鮮縣, 今平壤."[166]

萩苴 《史記》, "朝鮮相韓陰亡降, 漢封爲萩苴侯."[167]

津吏婦 《古樂府》, "《琴操》九引, 箜篌引, '亦曰公無渡河. 朝鮮津吏霍里子高妻麗玉所作. 子高晨起刺船, 見一白首狂夫, 被髮携壺, 亂流而渡, 其妻隨呼止之, 不及, 遂溺死, 妻乃援箜篌而歌曰, '公無渡河, 公終渡河, 公墮而死, 將奈公何.' 聲音悽愴, 曲終, 亦投河而死. 子高還, 以其事語麗玉, 麗玉傷之, 乃引箜篌, 以寫其聲.'"[168]

韓

《後漢書》, "韓有三種, 一曰馬韓, 二曰辰韓, 三曰弁韓. 馬韓在西,
有五十四國, 其北與樂浪, 南與倭接. 箕子後四十餘世朝鮮侯準, 自稱
王, 燕人衛滿, 擊破準而自王, 準乃將其餘衆數千人, 走入海, 攻馬韓
破之, 自立爲韓王."[169] 《東國通鑑》, "箕準旣爲衛滿所攻奪, 入海居韓
地金馬郡."[170] 《文獻備考》, "金馬, 今益山郡, 有金馬山."[171] 《輿地勝
覽》, "箕準城, 在益山郡龍華山上, 周三千九百尺."[172]

當年枉信漢亡人, 麥秀殷墟又一春. 可笑着黃浮海日, 船頭猶載善花嬪.

善花嬪 《三國志》, "朝鮮侯準, 旣僣號稱王, 爲燕亡人衛滿所攻奪,
將其左右宮人, 走入海, 居韓地."[173] 《東史》, "箕準號武康王."[174] 《輿地
勝覽》, "龍華山, 在郡北八里, 世傳武康王, 旣得人心, 立國馬韓, 與善
花夫人, 遊山下." 又云, "雙陵, 在五金寺西數百步, 後朝鮮武康王及
妃陵也."[175]

濊

《漢書》, "武帝元朔元年, 濊君南閭等, 口二十八萬人降, 爲滄海郡."
[176] 《後漢書》, "濊, 北與高句麗沃沮, 南與辰韓接, 東窮大海, 西至樂
浪, 本朝鮮之地也."[177] 賈耽, 《古今郡國志》, "新羅北界溟州, 古濊國."
[178] 《文獻備考》, "今江陵府東, 有濊時所築古城遺址."[179]

大關嶺外大東洋, 藥國山川蔭搏桑. 野老不知興廢事, 田間閒拾古銅章.

大關嶺　《輿地勝覽》, "大關嶺, 在江陵府西四十五里, 州之鎭山也.
自女眞之長白山, 縱橫迤邐, 據東海之濱者, 不知其幾, 而此嶺最高.
金員外克己詩, '秋霜鴈未過時落, 曉日鷄初鳴處生.'"[180]
　　古銅章　《三國史》, "新羅南解次次雄十六年, 北溟人, 耕田, 得濊王
印, 獻之."[181]

貊

《漢書》, "武帝卽位, 彭吳穿滅貊朝鮮."[182]《後漢書》, "遼東太守祭肜
[183] 威讋北方, 聲行海表. 於是, 濊貊倭韓, 萬里朝獻."[184] 又云, "句麗王
宮, 與濊貊寇玄菟, 攻華麗城."[185]《文獻備考》, "貊, 國都在今春川府
北十三里, 昭陽江北."[186]

昭陽江水接滄津, 通道碑殘沒棘榛. 東史未窮班掾志, 堯時君命漢時臣.

昭陽江 《輿地勝覽》, "昭陽江, 在春川府北六里, 源出麟蹄之瑞和
縣, 與府之基麟縣系水合流, 至楊口縣南, 爲艸沙里灘, 又至府東北, 爲
青淵爲舟淵爲狄巖灘爲昭陽江."[187]

通道碑 《東史》, "檀君命彭吳治國內山川, 以奠民居."[188]《本紀通
覽》, "牛首州有彭吳碑."[189]《文獻備考》, "彭吳乃漢人而非檀君之臣
也."[190] 金梅月堂時習詩, "通道自彭吳."[191]

高句麗

《魏書》, "高句麗者, 出於夫餘, 自言先祖朱蒙. 朱蒙母河伯女, 夫餘王閉於室中, 爲日所照, 引身避之, 日影又逐. 有孕, 生一卵, 大如五升. 以物裹之, 置於暖處, 有一男破殼而出. 及長, 字之曰朱蒙, 其俗言朱蒙者善射也. 夫餘之臣, 謀殺之, 朱蒙乃與烏引烏違等二人, 棄夫餘, 東南走. 遇一大水, 欲濟無梁, 夫餘人追之急, 朱蒙告水曰, '我日子河伯外孫. 今日逃走, 追兵垂及, 如何得濟.' 於是, 魚鼈竝浮成橋, 朱蒙得渡, 魚鼈乃解, 追騎不得渡. 朱蒙, 遂至普述水, 遇見三人, 其一人着麻衣, 一人着衲衣, 一人着水藻衣. 與朱蒙至訖升骨城居焉, 號曰高句麗, 因以高爲氏."[192]

《三國史》, "高句麗始祖東明聖王, 姓高氏. 自夫餘至卒本川, 觀其山河險固, 欲都焉, 結廬於沸流水上, 時年二十二[193]歲, 漢元帝建昭二年也.[194] 琉璃王二十二[195]年, 遷都於國內, 築尉那巖城.[196] 山上王十三年, 移都於丸都,[197] 東川王二十一年, 築平壤城, 移民及廟社."[198]《通典》, "高句麗, 自東晉以後, 居平壤."[199]

弧矢橫行十九年, 麒麟寶馬去朝天. 千秋覇氣涼于水, 墓裏消沈白玉鞭.

麒麟寶馬 《輿地勝覽》, "麒麟窟, 在平壤府九梯宮內浮碧樓下, 東明王養麒麟馬于此. 世傳, '王乘麒麟馬, 入此窟, 從地中出朝天石, 升天.' 其馬跡, 至今在石上也. 朝天石, 在麒麟窟南."[200]

白玉鞭 《輿地勝覽》, "東明王墓, 在中和府龍山, 俗號眞珠墓. 世傳, '高句麗始祖常乘麒麟馬, 奏事天上, 年至四十, 遂昇天不返, 太子以所遺玉鞭, 葬於龍山."[201]

昔日夫餘挾彈兒, 東明王子號琉璃. 數聲黃鳥啼深樹, 猶似禾姬罵雉姬.

挾彈兒 《三國史》, "琉璃王, 諱類利. 初朱蒙在夫餘, 娶禮氏女, 有娠, 朱蒙歸後, 乃生子, 是爲類利. 幼年, 出遊陌上彈雀, 誤破汲水婦人瓦器, 婦人罵曰, '此兒無父故, 頑如此.' 類利慙歸, 問母, '我父何人, 今在何處?' 母曰, '汝父非常人, 不見容於國, 逃歸南地, 開國稱王.' 類利乃與屋智句鄒都祖等三人, 行至卒本, 見父王, 立爲太子."[202]

黃鳥 《三國史》, "琉璃王娶二女, 一曰禾姬, 鶻川人之女也, 一曰雉姬, 漢人之女也. 二女爭寵, 王於涼谷, 造東西二宮, 各置之. 後王田於箕山, 禾姬罵雉姬曰, '汝漢家婢妾, 何無禮之甚乎!' 雉姬慙恨亡歸. 王聞之, 策馬追之, 雉姬怒不還. 王嘗息樹下, 見黃鳥飛集, 乃感而歌曰, '翩翩黃鳥, 雌雄相依, 念我之獨, 誰其與歸.'"[203]

134

鷄立山前張戰塵, 丹旋依戀沁園春. 平生慷慨愚溫達, 自是龍鐘可笑人.

鷄立山 《輿地勝覽》, "鷄立山, 在聞慶縣北二十里. 俗號麻骨山, 以方言相似也."[204]

愚溫達 《三國史》, "溫達容貌龍鐘可笑, 家貧乞食以養母. 破衫弊履往來市井間, 時人目爲愚溫達. 平崗王少女好啼, 王戲曰, '汝常啼, 聒我耳, 長必不得爲士大夫妻, 當歸之愚溫達.' 及女年二八, 欲下嫁於上部高氏, 公主曰, '大王常語, 必爲溫達之妻, 何故改前言乎?' 王怒曰, '宜從汝所適.' 於是, 公主以寶釧數十繫肘後, 出宮, 歸溫達. 後周武帝伐遼東, 王逆戰於肆山之野, 溫達爲先鋒疾鬪, 論功第一. 王嘉歎曰, '吾婿也.' 備禮迎之, 賜爵大兄. 及陽崗王卽位, 溫達請伐新羅, 王許之. 溫達臨行誓曰, '鷄立峴竹嶺以西, 不歸於我, 則不返也.' 遂與羅人戰, 中流矢死. 欲葬, 柩不肯動, 公主撫棺曰, '死生決矣. 嗚呼歸矣.' 遂擧以窆"[205]

遼海歸旌數片紅, 湯湯薩水捲沙蟲. 乙支文德眞才士, 倡五言詩冠大東.

薩水 《輿地勝覽》, "淸川江, 一名薩水, 源出妙香山, 經安州城北, 又西流三十里, 與博川江合流入海."[206]

乙支文德 《三國史》, "乙支文德, 沈鷙有智. 隋開皇中煬帝下詔, 征高句麗, 左翊衛大將軍宇文述, 出夫餘道, 右翼衛大將軍于仲文, 出樂浪道, 與九軍至鴨綠水. 文德見隋軍士有饑色, 欲疲之, 每戰輒北, 隋軍一日七捷. 東濟薩水, 去平壤城三十里, 因山爲營. 文德遣使詐降於述, 述等爲方陣而還, 文德出軍, 四面抄擊. 至薩水, 隋軍半濟, 文德擊其後軍, 殺右屯衛將軍辛世雄, 諸軍俱潰奔還, 一日一夜, 至鴨綠, 九軍初渡遼三十萬五千人, 還至遼東城, 惟二千七百人."[207]

倡五言詩 《隋書》, "遼東之役, 于仲文率軍指樂浪道, 至鴨綠水. 高句麗將乙支文德詐降, 仲文將執之, 尚書右丞劉士龍固止之, 遂捨文德, 尋悔, 遣人紿文德曰, '更有言議, 可復來也.' 文德不從, 遂濟. 仲文選騎渡水, 每戰破賊, 文德遺仲文詩曰, '神策究天文, 妙籌窮地理. 戰勝功旣高, 知足願云止.'"[208]

句麗錯料下句麗, 駐蹕山靑老六師. 爲問西京紅拂妓, 虯髯客是莫離支.

下句麗 《後漢書》, "王莽更名高句麗王, 爲下句麗侯."[209] 尤侗外國竹枝詞, '高句麗降下句麗.'[210]

駐蹕山 《唐書》, "太宗自將伐高麗, 次安市, 北部傉薩高延壽, 南部傉薩高惠眞等, 擧衆降帝. 因號所幸山爲駐蹕山, 勒石紀功. 攻安市, 未能下. 城中見帝旌麾, 輒乘陴噪, 帝怒. 江夏王道宗以樹枚裹土積之, 迫城不數丈. 果毅都尉傅伏愛守之, 自高而排其城, 城且頹, 伏愛私去所部, 虜兵得自頹城出, 據而塹斷之, 積火縈盾固守. 帝斬伏愛, 有詔班師. 酋長登城拜謝, 帝嘉其守, 賜絹百匹."[211]

莫離支 《唐書》, "蓋蘇文者, 或號蓋金, 姓泉氏, 自云生水中以惑衆. 爲莫離支專國, 猶唐兵部尙書·中書令職云. 貌魁秀, 美鬚髯, 冠服皆飾以金, 佩五刀, 左右莫敢仰視. 使貴人伏諸地, 踐以乘馬. 出入陳兵, 長呼禁切, 行人畏竄, 至投坑谷."[212] 海東稗乘, "虬髯客傳, 雖唐傳奇, 亦必有其人也. 按夫餘之地, 爲高氏所統, 在隋唐之際, 更無所謂夫餘國, 南蠻所奏海船千艘甲兵十萬入夫餘國云云, 似指高句麗爲夫餘也. 意者, 蓋蘇文, 以東部大人之子, 意氣傑鰲, 乘隋季之亂, 遊歷中國, 將有爲也, 及見文皇異表器氣, 東返, 稱兵作亂, 做得莫離支爾."

報德

《唐書》, "乾封元年, 征高麗, 以李勣爲遼東道行軍大總管兼安撫大
使. 三年, 圍平壤執王臧, 部其地爲都督部者九州四十二縣百, 復置安
東都護府. 總章二年, 大長鉗牟岑率衆反, 立臧外孫安舜爲王."[213] 《三
國史》, "新羅文武王十年, 高句麗水臨城人, 牟岑大兄, 自窮牟[214]城,
行至西海史冶島, 見高句麗大臣淵淨土之子安勝, 迎致漢城中, 奉以爲
君. 遣小兄多式等, 告日, '興滅國, 繼絕世, 天下之公義也, 惟大國是
望.' 王處之國西金馬渚. 封安勝爲高句麗王. 十四年, 改封爲報德王,
以王妹妻之. 神文王 二年, 徵爲蘇判, 賜姓金氏."[215] 《輿地勝覽》, "益
山郡, 本馬韓國, 百濟並之, 號金馬渚."[216]

春州婁婁金馬渚, 句麗南渡有荒城. 未知欲報誰家德, 可惜英風劍大兄.

劍大兄 《三國史》, "高句麗劍牟岑, 欲興復國家, 叛唐, 立王外孫安
舜爲王."[217] 又云. "牟岑大兄收合殘民, 至浿江南, 殺唐官."[218] 《唐書》,
"總章二年 詔高偘李謹行爲行軍總管, 討安舜, 舜殺牟岑, 走新羅."[219]

138

沸流

《遼史》, 地理志, "正州, 本沸流王故地, 國爲公孫康所幷, 渤海置沸流郡, 有沸流水."[220] 《三國史》, "高句麗始祖二年, 沸流國王松讓來降, 以其地爲多勿都, 封松讓爲主. 麗語謂復舊土爲多勿."[221] 《輿地勝覽》, "成川府, 本沸流王松讓故都."[222]

劍樣靑峰一十二, 遊車衣水逝湯湯. 朱蒙不是眞豪傑, 欺負酸寒偰萊王.

劍樣靑峰 《輿地勝覽》, "紇骨山, 在成川府西北二里, 有攢峰十二. 朴元亨詩, '江上群峰劍樣尖, 峰前江水正按藍.'"[223]

遊車衣水 《輿地勝覽》, "沸流江, 卽卒本川, 俗稱遊車衣津, 在成川府西三十步. 其源有二, 一出陽德縣吳江山, 一出孟山縣大母院洞. 至府北合流, 歷紇骨山, 山有四石穴, 水入穴中沸騰而出, 故名沸流江. 又與慈山郡禹家淵, 合流入大同江."[224]

偰萊王 《三國史》, "高句麗東明王, 見沸流水中有菜葉逐流下, 知有人在上流者, 因以獵往尋, 至沸流國. 其國王松讓出見曰, '寡人僻在海隅, 未嘗得見君子, 今日相遇, 不亦幸乎? 然不識吾子自何而來.' 答日, '我是天帝子, 來都於某所.' 松讓曰, '我累世爲王, 地小不足容兩主 君立都日淺, 爲我附庸可乎?' 王忿其言, 與之射以校藝, 松讓不能抗."[225]《古記》, "東明王, 與沸流王松讓較射, 松讓以畵鹿置百步內, 不能中其臍. 朱蒙以玉指環懸於百步之外, 破如瓦解. 松讓大驚, 欲以立都先後爲附庸, 朱蒙造宮室以朽木爲柱, 故如千歲, 松讓不敢爭."

百濟

《南史》, "馬韓有五十四國, 百濟, 卽其一也. 後漸强大, 兼諸小國."
[226]《北史》, "百濟之國, 盖馬韓之屬也. 初以百家濟, 因號百濟. 其都
曰居拔城, 亦曰固麻城."[227]《三國史》, "百濟始祖溫祚王, 都河南慰禮
城 以十臣爲輔翼, 國號十濟, 漢成帝鴻嘉三年也. 後以百姓樂從, 改
號百濟. 其世系, 與高句麗同出扶餘, 故以扶餘爲氏, 溫祚王, 十三年,
就漢山下立柵, 十四年, 遷都. 盖婁王, 五年, 築北漢山城, 近肖古王,
二十六年, 移都漢山. 文周王, 元年, 移都於熊津. 聖王, 十六年, 移都
於泗沘. 國號南扶餘."[228]《文獻備考》, "百濟, 所夫里郡, 一云泗沘, 今
夫餘縣."[229]

歌樓舞殿向江開, 半月城頭月影來. 紅쫇뼝寒眠不得, 君王愛在自溫臺.

半月城 《輿地勝覽》, "扶餘縣, 半月城, 石築, 周一萬三千六尺, 卽
古百濟都城也. 抱扶蘇山而築, 兩頭抵白馬江, 形如半月."[230]
自溫臺 《輿地勝覽》, "自溫臺, 在扶餘縣西五里, 自落花巖順流而西
有巖跨水渚, 可坐十餘人. 俗傳百濟王遊于此巖, 則巖自溫."[231]

落日扶蘇數點峯, 天寒白馬怒濤洶. 奈何不用成忠策, 却恃江中護國龍.

扶蘇 《輿地勝覽》, "扶蘇山, 在扶餘縣北三里, 東岑曰, 迎月臺, 西岑曰, 送月臺."[232]

成忠 《三國史》, "百濟義慈王十六年, 佐平成忠, 上書曰, '臣觀時察變, 必有兵革之事. 若異國兵來, 陸路, 不使過沈峴, 水軍, 不使入岐伐浦, 據險以禦然後可也.' 王不省. 及唐兵乘勝迫城, 王歎曰, '悔不用成忠之言.' "[233]

護國龍 《輿地勝覽》, "扶蘇山下, 有巖跨江, 上有龍攫跡. 俗傳, 蘇定方伐百濟, 臨江欲渡, 風雨大作, 以白馬爲餌, 釣得一龍, 須臾開霽, 遂渡師. 故江名白馬, 巖名釣龍臺."[234]

雨冷風凄去國愁, 巖花落盡水悠悠. 泉臺寂寞誰相伴, 同是江南歸命侯.

巖花 《輿地勝覽》, "落花巖, 在扶餘縣北一里, 俗傳, '義慈王, 爲唐兵所敗, 宮女奔迸, 登是巖, 自墜于江, 故名.' "[235]

歸命侯 《唐書》, "顯慶五年, 詔左衛大將軍蘇定方, 爲神邱道行軍大摠管, 討百濟. 自城山濟海, 百濟守熊津口, 定方縱擊大破, 乘潮以進, 拔其城. 執義慈送京師, 平其國, 置熊津·馬韓·東明·金漣·德安五郡都督. 義慈痛死, 贈衛尉卿, 許舊臣赴臨, 詔葬孫皓·陳叔寶墓左."[236]

浴槃零落涴胭脂, 石室藏書事可疑. 時見荒原秋草裏, 行人駐馬讀唐碑.

浴槃 《扶餘縣志》, "縣庭有石槃, 夜衙或燃松明, 炬於其上, 焦黑剜缺, 隱隱有蓮花刻紋. 傳爲百濟宮女浴槃."[237]

石室藏書 《扶餘縣志》, "縣之豐田驛東, 有石壁巉立, 坼痕如戶, 號冊巖. 傳爲百濟時藏書處. 舊有好事者, 欲斲開, 晴日大雷, 懼而止云."[238]

唐碑 《扶餘縣志》, "縣南二里, 有石塔, 刻云 '大唐平百濟國碑, 顯慶五年, 歲在庚申八月十五日癸未建, 陵州長史判兵曹賀遂亮撰, 洛州河南權懷素書.' 盖蘇定方紀功之辭也. 文體騈儷, 筆法遒勁, 當爲海東古碑第一. 縣北三里, 又有劉仁願紀功碑, 中折字多剜."[239]

彌鄒忽

《三國史》, "朱蒙自北扶餘逃難, 至卒本扶餘, 扶餘王, 以女妻之. 扶餘王薨, 朱蒙嗣位, 生二子, 長曰沸流, 次曰溫祚, 及朱蒙在北扶餘所生子來爲太子, 沸流溫祚恐爲太子所不容, 遂與烏干馬黎等十臣南行. 百姓從之者多, 至漢山, 登負兒岳, 望可居之地, 沸流欲居海濱, 十臣諫曰, '惟此河南之地, 北帶漢水, 東據高岳, 南望沃澤, 西阻大海, 作都於斯, 不亦宜乎.' 沸流不聽, 分其民, 歸彌鄒忽以居之. 溫祚都河南慰禮城, 沸流以彌鄒土濕水鹹, 不得安居, 歸見慰禮, 都邑鼎定, 人民安泰, 遂慚悔而死."[240] 《輿地志》, "今仁川府南十里, 海坪上有大冢, 墙垣舊址宛然, 石人偃仆而甚大, 俗傳彌鄒王墓云."[241]

浿上悲歌別弟兄, 登山臨水泪南征. 三韓地劣姜肱被, 休築崢嶸恚忿城

恚忿城 《輿地志》, "今仁川府南有山, 名南山. 一名文鶴山, 山上有城. 世傳沸流所都, 以王恚忿而死, 故名恚忿城."[242]

144

新羅

　　《北史》, "新羅者, 其先本辰韓種也. 地在高麗東南, 居漢時樂浪地.
其王本百濟人, 自海逃入新羅, 遂王其國."[243] 《三國史》, "新羅始祖,
姓朴氏, 諱赫居世, 漢宣帝五鳳元年四月丙辰卽位, 號居西干, 時年十
三. 先是, 朝鮮遺民, 分居山谷間, 爲六村, 是爲辰韓六部. 高墟村長蘇
伐公, 望楊山麓蘿井旁林間有馬跪而嘶, 往觀之, 忽不見馬, 只有大卵,
剖之, 有嬰兒出焉, 取而養之. 及年十餘歲, 岐嶷然夙成. 六部人以其
生神異, 推尊之, 至是, 立以爲君. 辰人謂瓠爲朴, 以大卵如瓠, 故以朴
爲姓. 居西干, 辰言王也."[244] 《文獻備考》, "新羅國號徐耶伐, 或云斯
羅, 或云斯盧."[245] 《東京雜記》, "慶州本新羅古都."[246]

　　辰韓六部澹秋烟, 徐菀繁華想可憐. 萬萬波波加號笛, 橫吹三姓一千年.

　　辰韓六部 《三國史》, "一曰閼川楊山村, 二曰突山高墟村, 三曰觜山
珍支村, 四曰茂山大樹村, 五曰金山加利村, 六曰明活山高耶村. 是爲
辰韓六部."[247]

　　徐菀　《文獻備考》, "新羅國號徐耶伐, 後人稱京都曰徐伐, 轉爲

徐菀."[248]

萬萬波波 《東京雜記》, "神文王時, 東海中有小山, 隨波往來. 王異
之, 泛海, 入其山, 上有竹一竿. 命作笛吹之, 兵退病愈, 旱雨雨晴, 風
定波平, 號萬波息笛. 歷代傳寶之, 至孝昭王加號, 萬萬波波息笛."[249]

三姓 《三國史》, "新羅始祖姓朴氏, 脫解尼斯今姓昔氏, 味鄒尼斯今
姓金氏."[250] 《芝峯類說》, "新羅享國幾一千年, 統合三韓, 時和歲豐,
號稱新羅聖代."[251]

幾處靑山幾佛幢, 荒池鴛鴨不成雙. 春風谷口松花屋, 時聽寥寥短尾狵.

荒池鴛鴨 《輿地勝覽》, "鴛鴨池, 在慶州府天柱寺北. 新羅文武王鑿
池, 積石爲山, 象巫山十二峯, 種花卉養珍禽. 其西有臨海殿舊址."[252]

松花屋 《東京雜記》, "新羅金庾信宗女財買夫人死, 葬靑淵上谷, 因
名財買谷. 每春日, 同宗士女, 會宴於谷之南澗. 于時, 百卉敷榮, 松花
滿谷. 架菴於谷口, 名松花房."[253]

短尾狵 《東京雜記》, "慶州北方虛缺. 故狗多短尾, 謂之'東京
狗'."[254]

料峭風中過上元, 忉忉怛怛踏歌喧. 年年糯飯無人祭, 一陣寒鴉噪別村.

忉忉怛怛 《輿地勝覽》, "書出池, 在慶州府金鰲山東. 新羅炤智王十

年正月十五日, 王幸天泉寺, 有烏鼠之異, 王令騎士追烏. 南至避村, 兩猪相鬪, 留連見之, 失烏所在. 有老翁自池中出, 奉書, 題云, '開見, 二人死, 不開, 一人死.' 馳獻于王, 王曰, "與其二人死, 莫若勿開一人死耳." 日官奏云, '二人者庶人也, 一人者王也.' 王然之, 開見, 書中云, '射琴匣' 王入宮, 見琴匣射之. 乃內殿焚修僧與宮主, 潛通謀逆也. 宮主與僧伏誅, 名其池曰, '書出池' 又云, "王旣免琴匣之禍, 國人以爲若非烏鼠龍馬猪之功, 則王之身幾矣. 遂以正月上子上辰上午上亥等日, 忌百事, 不敢動作爲愼日."[255] 俚言, "忉忉謂悲愁而禁忌也. 又以十六日爲烏忌日, 以糯飯祭之. 國俗至今猶然."《佔畢齋集》, 忉怛歌, "忉怛復忉忉, 大家幾不保 流蘇帳裏玄鶴倒, 揚且之晳難偕老."[256]

金鰲山色晚蒼蒼, 渲染鷄林一半霜. 萬疊伽倻人去後, 至今紅葉上書莊.

金鰲山 《輿地勝覽》, "金鰲山, 一名南山, 在慶州府南六里. 唐顧雲贈崔致遠詩, 我聞海上三金鰲, 金鰲頭戴山高高. 山之上兮 珠宮貝闕黃金殿, 山之下兮 千里萬里之洪濤."[257]

鷄林 《三國史》, "脫解尼斯今九年春三月, 王聞金城西始林樹間有鷄鳴聲, 遣瓠公視之, 金色小櫝掛樹枝, 白鷄鳴其下. 瓠公還以告, 王使人取櫝開之, 有小男兒在其中, 姿容奇偉. 王喜曰, '此豈非天遺我令胤乎.' 收養之, 及長, 聰明多智, 乃名閼智, 以其出於金櫝, 姓金氏. 改始林名鷄林, 因以爲國號."[258]

伽倻 《輿地勝覽》，“伽倻山，在陜川郡北三十里，一名牛頭山。”[259]

上書莊 《三國史》，“崔致遠，字孤雲，或云海雲，沙梁部人。年十二隨使舶入唐。乾符元年，禮部侍郎裴瓚下及第，調溧水縣尉，考績，爲承務郎侍御史內供奉，賜紫金魚袋。黃巢叛，高騈，爲諸道行營兵馬都統，以討之，辟致遠，爲從事。光啓元年，將詔書來聘，留爲侍讀兼翰林學士，出爲太山太守。自西事大唐，東歸故國，皆遭亂世，無復仕進意，帶家，隱伽倻山海印寺，偃仰終老。”[260] 《輿地勝覽》，“上書莊，在金鰲山北。高麗太祖之興，崔致遠知必受命，上書有雞林黃葉鵠嶺靑松之語。後人名其所居曰上書莊。”[261]

城南城北蔚藍峯，落日昌林寺裏鍾。閒補東京書畫傳，金生碑版率居松。

金生 《三國史》，“金生，自幼能書。平生不攻他藝，年踰八十，猶操筆不休，隷書行艸，皆入神。崇寧中學士洪灌，隨進奉使入宋，館於汴京，翰林待詔楊球·李革，奉勑至館，書圖簇。灌以金生行艸一卷視之，二人大駭曰，‘不圖今日得見右軍手書。’灌曰，‘此乃新羅人金生書也，’二人不信之。”[262] 趙子昂昌林寺碑跋云，“右唐新羅僧金生所書，其國昌林寺碑字畫，深有典型，雖唐人名刻，無以遠過之也。’古人云，‘何地不生才？’，信然。”[263] 《輿地勝覽》，“昌林寺，在金鰲山，今廢。有古碑，無字。”[264]

率居 《三國史》，“率居善畫，嘗於黃龍寺壁，畫老松體幹鱗皴。烏鳶，

148

往往望之, 飛入及到, 蹭蹬而落. 歲久色暗, 寺僧以丹靑補之, 烏鳶不復至. 又慶州芬皇寺觀音·晉州斷俗寺維摩像, 皆其筆也."[265]

三月初旬去踏靑, 蚊川花柳鎖冥冥. 流觴曲水傷心事, 休上春風鮑石亭.

蚊川 《輿地勝覽》, "蚊川, 在慶州府南五里, 史等川下流也. 高麗金克己, 有蚊川祓禊詩."[266]

鮑石亭 《輿地勝覽》, "鮑石亭, 在慶州府南七里金鰲山西麓, 鍊石作鮑魚形, 故名. 流觴曲水, 遺跡宛然."[267] 《三國史》, "甄萱猝入新羅王都時, 王與夫人嬪御, 出遊鮑石亭, 置酒娛樂, 賊至狼狽, 不知所爲. 侍從臣僚及宮女伶官, 皆陷沒."[268]

溟州

《三國史》, "新羅宣德王薨, 無子, 群臣議欲立族子周元. 周元宅京北二十里, 會大雨閼川漲, 不得渡. 或曰, '天其或者不欲立周元乎. 今大上等敬信, 前王之弟, 德望素高, 有人君之體.' 於是, 衆議翕然立之, 既而雨止, 國人, 皆呼萬歲."[269] 《輿地志》, "周元懼禍, 退居溟州, 不朝請. 後二年, 封周元, 爲溟州郡王, 割溟州·翼嶺·三陟·斤乙於·蔚珍等地, 爲食邑."[270] 《文獻備考》, "溟州, 今江陵府."[271]

雞林眞骨大王親, 九雉分供左海濱. 最憶如花池上女, 魚書遠寄倦遊人.

眞骨 《三國史》, "新羅斯多含, 系出眞骨. 又薛罽頭言, '新羅, 用人, 論骨品.'"[272] 令狐澄, 《新羅國記》, "其國王謂之第一骨, 餘貴族謂之第二骨."[273]

九雉 《文獻備考》, "新羅之制, 王日飯米三斗, 雄雉九首."[274]

魚書遠寄 《高麗史樂志》, "高句麗俗樂部, 有溟州曲. 世傳, 書生遊學, 至溟州, 見一良家女, 美姿色, 頗知書. 生每以詩挑之, 女曰, '婦人不妄從人, 待生擢第, 父母有命, 則事可諧矣.' 生卽歸京師, 習擧業.

女家將納婿. 女平日臨池養魚, 魚聞警咳聲, 必來就食. 女食魚, 謂曰, '吾養汝久, 宜知我意.' 將帛書投之, 有一大魚, 跳躍含書, 悠然而逝. 生在京師, 一日爲父母具饌, 市魚而歸, 剖之, 得帛書. 驚異, 卽持帛書及父書, 徑詣女家, 婿已及門矣. 生以書示女家, 遂歌此曲, 女父母異之曰, '此精誠所感, 非人力所能爲也.' 遣其婿而納生焉."[275] 《疆界志》, "新羅王弟無月郎, 二子, 長曰周元, 次曰敬信. 母溟州人, 始居蓮花峯下, 號蓮花夫人. 及周元封於溟州, 夫人養於周元. 溟州曲, 卽蓮花夫人事. 書生, 指無月郎也. 且溟州, 乃新羅時置, 非高句麗時名, 則溟州曲, 當屬新羅樂."[276]

金官

《南齊書》，"加羅國三韓種也，建元元年，國王荷知使來獻，授輔國將軍本國王."[277]《北史》，"新羅附庸於迦羅國."[278]《三國史》註，"伽倻或云加羅."[279]《駕洛國記》，"後漢光武建武十八年三月，駕洛九干，禊飮水濱，望見龜旨峯，有異氣，就見，紫繩繫金盒而下，開盒，有金色六卵，奉置之. 翼日，六卵剖爲六童子，日就岐嶷，十餘日身長九尺，衆奉一人爲主，卽首露王也. 生于金盒，因姓金氏，國號伽倻，乃新羅儒理王十八年也. 餘五人爲五伽倻主，東以黃山江，西南以海，西北以智異山，東以伽倻山爲境."[280]

《輿地勝覽》，"五伽倻，高靈爲大伽倻，固城爲小伽倻，星州爲碧珍伽倻，咸安爲阿那伽倻，咸昌爲古寧伽倻." 又云，"龜旨峯在金海府北三里，首露王宮遺址在府內."[281]《輿地志》，"首露王墓，在金海府西三百步，墓傍有廟，龜旨山東有王妃墓，府人竝祭以正五八月."[282]《芝峯類說》，"壬辰倭賊，發首露王墓，頭骨大如銅盆，柩傍有二女，顏色如生，出置壙外，卽銷."[283]《文獻備考》，"駕洛或作伽落，又稱伽倻，後改爲金官."[284]

152

訪古伽倻咽竹枝, 婆娑塔影虎溪湄. 回看落日沈西海, 正似紅旗入浦時.

訪古伽倻　鄭圃隱夢周金海鷰子樓詩, '訪古伽倻艸色春, 興亡幾度海爲塵.'

婆娑塔　《輿地勝覽》, "婆娑石塔, 在虎溪上, 凡五層, 其色赤斑, 彫鏤甚奇. 世傳許后自西域來時, 船中載此塔, 以鎭風濤."[285]

虎溪　《輿地勝覽》, "虎溪, 在金海府城中, 源出盆山, 南流入江倉浦."[286]

紅旗入浦　《駕洛國記》, "東漢建武二十四年, 許皇后, 自阿踰陀國, 渡海而至. 望見緋帆茜旗, 自海西南隅而指北, 首露王於宮西, 設幔殿候之. 王后維舟, 登陸, 憩於高嶠, 解所着綾袴, 質于山靈. 及至, 王迎入幔殿, 越二日, 同輦還闕, 立以爲后. 國人號初來維舟處曰, '主浦' 解綾袴處曰, '綾峴' 茜旗入海處曰, '旗出邊.'"[287] 《輿地勝覽》, "許皇后, 或云南天竺國王女, 姓許, 名黃玉, 號普州太后."[288]

大伽倻

《三國史》，“眞興王二十三年，命異斯夫討伽倻，多斯含爲副，領五千
騎，馳入旃檀門，立白旗，城中恐懼，不知所爲．異斯夫引兵臨之，一時
盡降．”[289]《輿地志》，“大伽倻，今高靈縣，縣南一里有宮闕遺址．又有
石井，號御井．”[290]《文獻備考》，“大伽倻始祖，伊珍阿鼓王，至道設智
王，凡十六世．”[291]

千載高山流水音，泠泠一十二絃琴．凄凉往事無人問，紅葉迎霜作錦林．

一十二絃琴　《輿地勝覽》，“伽倻國嘉悉王樂師于勒，象中國秦箏而
制琴，號伽倻琴．高靈縣北三里地名琴谷，世傳勒率工人肄琴處．”[292]
《芝峯類兒》，“伽倻國王制十二絃琴，今所謂伽倻琴，卽是．”[293]
　錦林　《輿地勝覽》，“高靈縣西二里，有古藏，俗稱錦林王陵．”[294]

甘文

《三國史》, "新羅助賁尼斯今二年, 以伊湌于老爲大將軍, 討破甘文國, 以其地爲郡."[295] 《輿地志》, "甘文, 今開寧縣也, 甘文山在縣北二里, 又柳山在縣東二里, 柳山北, 甘文國遺址尙存."[296]

獐姬一去野花香, 埋沒殘碑古孝王. 三十雄兵曾大發, 蝸牛角上鬪千場.

獐姬　《輿地勝覽》, "獐陵, 在開寧縣西熊峴, 俗稱甘文國獐夫人陵."[297]

孝王　《輿地勝覽》, "開寧縣北二十里, 有大冢, 俗傳甘文金孝王陵."[298]

三十兵　《東史》, "甘文國大發兵三十."[299] 《文獻備考》, "甘文盖國之至小者也."[300]

于山

《三國史》, "新羅智證麻立干十三年, 于山國歸服, 歲以土宜爲貢. 于山國, 在溟州正東海島, 或名鬱陵島."[301]《輿地勝覽》, "鬱陵島, 一云武陵, 又云羽陵, 在蔚珍縣正東海中. 地方百里, 土地饒沃, 竹大如杠, 鼠大如猫, 桃核大如升."[302]

春風五兩邏帆廻, 海上桃花寂寞開. 唯見可之登岸臥, 更無獅子撲人來.

邏帆 《文獻備考》, "鬱陵島, 産柴胡·藁本·石楠·藤芔·諸香木, 蘆竹多合抱者, 蘆實桃核, 大可爲杯升. 本朝刷出逃民, 空其地, 每三年, 一送人審視, 官給斧子十五, 伐其竹若木, 又采土物, 納于朝, 以爲信. 三陟營將越松萬戶, 相遞入焉."[303]

可之 《文獻備考》, "鬱陵島, 海中有獸, 牛形, 赤眸無角. 群臥海岸, 見人獨行, 害之, 遇人多, 走入水. 名可之."[304]

獅子 《三國史》, "異斯夫, 爲阿瑟那軍主, 謀幷于山國, 謂其國人愚悍, 可以計服, 乃多造木獅子, 載戰船, 抵其國, 告曰, "汝若不服, 放此獸, 踏殺之." 其人, 恐懼而降."[305]

156

耽羅

《北史》, "百濟南海行, 有耽牟羅國, 土多獐鹿, 附庸於百濟."[306] 《唐書》, "龍朔初, 有儋羅者, 其王儒理都羅, 遣使入朝, 國居新羅武州南島上. 俗朴陋, 衣大豕皮, 夏革屋冬窟室. 初附百濟, 後附新羅."[307]

《耽羅國記》, "厥初, 有三神人, 從地湧出, 曰良乙那, 曰高乙那, 曰夫乙那. 三乙那, 遊獵荒僻, 皮衣肉食. 一日見紅帶紫衣人, 函載靑衣處女三及駒犢五穀種, 浮海而至曰, '我是日本國使也. 吾王生此三女云, '西海中, 降神子三人, 將開國而無匹. 故送此三女也.' 三那, 以歲次, 分娶之, 播五穀, 牧駒犢, 日就繁庶. 良乙那所居曰, '第一都' 高乙那所居曰, '第二都' 夫乙那所居曰, '第三都'. 高乙那十二代孫, 高厚·高淸昆弟三人, 造舟渡海, 泊于耽津, 新羅盛時也. 于時, 客星見南方, 太史奏 '異國人來朝之象也'. 及厚等至, 王嘉之, 稱厚曰, '星主', 以其動星象也, 令淸出袴下, 愛如己子, 稱曰, '王子', 又號其季曰 '都內'. 國號耽羅, 以來泊耽津, 朝新羅也, 各賜寶蓋衣帶而遣之. 自此, 事新羅, 遂以高爲星主, 良爲王子, 夫爲都上, 後改良爲梁."[308]
《輿地勝覽》, "濟州本耽羅國, 或稱乇羅, 又耽牟羅."[309]

三乙那城瘴霧開, 耽津江口峭帆廻. 厥初還有毛興穴, 何必他人袴下來.

耽津 《文獻備考》, "今康津縣, 新羅耽津."[310]
毛興穴 《輿地勝覽》, "濟州牧鎮山北麓, 有穴曰'毛興穴'. 卽三乙那湧出處也."[311]

後百濟

《三國史》, "甄萱, 尙州加恩縣人也, 奇體貌雄, 志氣倜儻. 從軍赴西南海防, 以勞爲神將. 新羅眞聖王六年, 羣盜蜂起, 萱嘯聚徒侶, 擊京西南州縣, 所至響應. 遂襲武珍州, 都完山, 自稱後百濟王, 遣使入後唐, 稱藩, 唐策授檢校太尉兼侍中 · 判百濟軍事持節都督全武公等州軍事 · 行全州刺史海東四面都統指揮兵馬制置等事 · 百濟王, 食邑二千五百戶."[312] 《輿地勝覽》, "古土城, 在全州府北五里, 甄萱所築."[313]

往事悠悠疙背翁, 繽紛紅葉古城東. 可憐探礭金山寺, 亡國何關絕景騘.

疙背翁 《三國史》, "甄萱, 有子十餘人, 第四子金剛, 身長而多智, 萱愛之, 欲傳其位, 其兄神劍, 幽萱於金山佛宇, 殺金剛, 自稱大王. 萱與季男能乂 · 女哀福 · 嬖妾姑比等, 逃奔高麗, 高麗太祖, 待以厚禮, 尊爲尙父. 萱發疽, 卒於黃山佛舍."[314]

繽紛紅葉 鄭圃隱夢周〈全州萬景樓〉詩, '靑山隱約夫餘國, 紅葉繽粉百濟城.'[315]

絕影騘 《高麗史》, "甄萱, 獻絕影島騘馬于太祖, 後聞讖云 '絕影名馬至, 百濟亡.' 乃悔之, 使人請還. 太祖笑而許之."[316]

泰封

《通鑑》, "唐天祐初, 高麗石窟寺眇僧躬乂, 聚衆據開州, 稱王號泰封
國. 後梁貞明中, 遣佐良尉金立奇, 入貢于吳."[317] 《三國史》, "弓裔新
羅人, 考憲安王. 或云, 景文王之子, 祝髮爲僧, 號善宗, 軒輊有膽氣.
羅季, 群盜蜂起, 善宗投北原賊梁吉軍中, 吉委任, 分兵, 使東略地, 遂
擊破猪足·牲川·夫若·金城·鐵圓等城. 天復元年, 稱王國號摩震,
年號武泰. 移靑州人戶一千, 入鐵圓城爲京, 改武泰爲聖册元年. 分定
浿西十三鎭. 朱梁乾化元年, 改聖册爲水德萬歲, 改國號爲泰封. 自稱
彌勒佛, 頭戴金幘, 身被方袍, 以長子爲靑光菩薩, 季子爲神光菩薩.
出則騎白馬, 以綵飾其鬃尾, 使童男童女, 奉幡蓋香火前導, 又命比丘
二百餘人, 梵唄隨後."[318] 《輿地勝覽》, "楓川原, 弓裔所都, 在鐵原府
北二十里. 宮殿遺址宛然."[319]

烏鵲飛邊認故宮, 凄凉覇業黑金東. 設弧猶記端陽節, 未作鷄林老薛公.

烏鵲 鄭松江澈〈關東別曲〉, "弓王故闕, 烏鵲啾啾. 千古興亡, 知不
知不."[320]

160

黑金東　《高麗史》, "唐商客王昌瑾, 忽於市中, 見一人, 狀貌瓌偉, 鬚髮皓白, 左手持三椀, 右手擎一古鏡, 方一尺許. 謂昌瑾曰, '能買我鏡乎.' 昌瑾以二斗米, 買之, 鏡主將米, 沿路散與乞兒而去, 疾如旋風. 昌瑾懸其鏡於市壁, 日光斜映, 隱隱有細字, 可讀. 其文曰, '三水中四維下, 上帝降子於辰馬. 先操雞, 後搏鴨, 此謂運滿一三甲. 暗登天, 明理地, 遇子年中興大事. 混蹤跡, 沌姓名, 混沌誰知慎與聖. 振法雷, 揮神電, 於巳年中二龍見, 一則藏身青木中. 一則現影黑金東. 智者見, 愚者盲, 興雲注雨與人征. 或見盛, 或視衰, 盛衰爲滅惡塵滓. 此一龍子三四, 遞代相承六甲子. 此四維, 定滅丑, 越海來降須待酉, 此文, 著見於明王, 國泰人安帝永昌. 吾之記, 凡一百四十七字.' 昌瑾初不知有文, 及見之, 謂非常, 獻于裔. 裔令昌瑾物色求其人, 彌月不能得. 唯東州勃颯寺, 熾盛光如來像, 前有塡星古像, 如其狀, 左右亦持椀鏡. 昌瑾喜, 具以狀白, 裔歎異之, 令文人宋含弘・白卓・許原等解之. 含弘等曰, '辰馬者, 辰韓・馬韓也. 青木, 松也, 謂松嶽郡, 黑金, 鐵也, 今所都鐵圓也. 今主初盛於此, 終滅於此乎. 先操雞, 後搏鴨者, 王侍中御國之後, 先得雞林, 後收鴨綠之意也.' 三人相謂曰, '王猜忌嗜殺, 若告以實, 王侍中必遇害, 吾輩亦且不免矣.' 乃詭辭告之."[321]

設弧端陽　《三國史》, "弓裔, 以五月五日生而有齒. 憲安王惡之, 勅令殺之. 使者取襁褓中, 投樓下, 乳婢竊捧, 手觸, 眇一目."[322]

高麗

《五代史》, "後唐明宗長興三年, 高麗權知國事王建, 遣使者來, 明宗乃拜建玄菟州都督, 充大義軍使, 封高麗國王."[323]《高麗史》, "太祖神聖大王, 姓王氏, 諱建, 字若天, 松岳郡人. 新羅政衰, 弓裔據高句麗之地, 都鐵原, 國號泰封, 授太祖精騎大監, 著功, 累階爲波珍粲, 兼侍中. 梁貞明四年, 騎將洪儒·裴玄慶·申崇謙·卜智謙等, 密謀推戴, 國號高麗, 改元天授. 二年, 定都于松岳之陽."[324]《文獻備考》, "開城府, 古高麗國都."[325]

荒京二十八王陵, 風雨年年暗漆燈. 進鳳山中紅躑躅, 春來猶自發層層.

二十八王陵 《文獻備考》, "高麗太祖以下, 二十八陵, 在開城府松岳·進鳳山·碧串洞·鳳鳴山諸處."[326]
進鳳躑躅 《輿地勝覽》, "進鳳山, 在開城府東南九里. 杜鵑花盛開, 世稱'進鳳躑躅.'"[327]

鳳輦逶遲降帝姬, 春寒氍帳祓羊脂. 浮生白眼應難較, 紅淚先沾勻藥枝.

帝姫 《高麗史》, "忠烈王后齊國大長公主, 名忽都魯揭里迷失, 元
世祖女也. 元宗十五年, 忠烈王以世子在元, 尚公主."[328]

祓羊脂 《高麗史》, "忠烈王嗣位, 與公主東還, 同輦入京, 父老相慶.
帝令脫忽送公主, 脫忽先至, 張穹廬, 祓以白羊脂."[329]

白眼 《高麗史》, "公主生子, 貞和宮主宴賀行酒, 王顧見公主, 公
主曰, '何白眼視我耶? 豈以宮主跪於我乎?' 遂命罷宴, 下殿大哭."[330]

勺藥枝 《高麗史》, "忠烈王二十二年五月, 壽寧宮, 勺藥盛開. 公主
命折一枝, 把玩良久, 感泣. 得疾薨, 年三十九."[331]

結識中朝趙子昂, 風流都㦿瀋陽王. 敎人提擧征東省, 留醉廬溝萬卷堂.

瀋陽王 《元史》, "高麗王昛子諝, 襲王位. 成宗初年, 尚寶塔實憐公
主, 十一年, 進爵瀋陽王."[332]

征東省 《元史》, "至元二十年, 立征東行中書省於高麗."[333]

萬卷堂 《高麗史》, "忠宣王, 諱璋, 古諱謜, 蒙古諱益智禮普化. 如
元宿衛, 凡十年, 佐仁宗, 定內亂, 迎立武宗. 以大尉留燕邸, 搆萬卷
堂. 書史自娛, 姚燧・閻復・元明善・趙孟頫, 咸遊王門."[334]

銀燭如星照禁局, 題詩多上牧丹亭. 如今破瓦嵩山在, 不復三呼繞殿靑.

牧丹亭 《李相國集》, "山呼亭, 牧丹盛開, 賦者多至百人."[335] 《輿地

勝覽》, "山呼亭, 在延慶宮內."[336]

嵩山　《輿地勝覽》, "松岳, 在開城府北五里, 初名扶蘇, 又稱鵠嶺, 又崧山, 又神嵩."[337]

三呼繞殿　《高麗史》, "忠惠[338]王時 松岳夜鳴. 王怪而問之, 陳無作金[339]對曰, '無傷也. 古詩, 有嵩岳三呼繞殿靑之句,' 王悅."[340]

指點前朝宰相家, 廢園風雨土牆斜. 牧丹孔雀凋零盡, 黃蝶雙雙飛菜花.

牧丹孔雀　《高麗史》, "神宗初, 參知政事車若松與特進奇洪壽, 同入中書省, 若松問於洪壽曰, '孔雀好在乎?' 答曰, '食魚鯁咽而死.' 因問養牧丹之術, 若松具道之. 聞者譏之."[341]

潮落潮生急水門, 年年商舶到江村. 攢峯十二巫山似, 只少三聲墮淚猿.

急水門　《宋史》, "禮成江, 居兩山間, 束以石硤, 湍激而下, 所謂急水門, 最險狹."[342]《大明一統志》, "急水門, 在開城南海中, 宛如巫峽."[343]

商舶　《高麗史》, "宋商, 集禮成江."[344]

天壽南門春暮時, 丹樓碧閣影參差. 風簑雨笠何村客, 終日沈吟看鷺鷥.

164

天壽 《輿地勝覽》, "天壽院, 在城東, 卽天壽寺故址."[345]

看鷺鷥 《高麗史》, "康日用欲賦〈鷺鷥〉, 每冒雨至天壽寺南溪, 看之."[346]

紫霞洞裏艸霏霏, 不見宮姬竝馬歸. 爲是辛王行樂地, 至今猶有燕雙飛.

紫霞洞 《輿地勝覽》, "紫霞洞, 在松岳山下, 洞府幽阻, 溪水淸漣, 最爲絕勝."[347]

辛王 《明史》, "高麗王顓, 無子, 以寵臣辛旽之子禑爲子."[348]《高麗史》, "辛禑小字牟尼奴, 旽婢妾般若之出也."[349]

燕雙飛 《高麗史》, "辛禑, 使妓燕雙飛, 佩弓吹篴, 衣繡龍衣, 竝轡而行."[350]

可憐靑木未藏龍, 蕭瑟千年鵠嶺松. 鐵犬寥寥東向吠, 白雲飛盡見三峯.

鐵犬 《松京雜記》, "世傳, '神僧道詵, 爲麗祖, 定都松岳之陽. 旣而雲捲, 東南, 見漢陽三角山律兀天際. 跌足歎咄, 鑄鐵犬十二, 使吠之. 蓋以三角爲松岳之窺峯云.'" 今府東, 有坐犬里.

주석

¹ 종현鍾峴: 지금의 명동성당 부근에 있는 고개의 명칭으로 북달재(북고개)라고
도 한다. 정유왜란 때 명나라 장수 양호楊鎬가 이곳에 진을 치고 남대문에 있
던 종을 가져다 달아놓아서 유래한 이름이라고 한다.

² 8조八條의 법금法禁: 고조선에는 8개 조항의 금법이 있어 각종 범죄를 처벌하
였는데, 그 가운데 3개 조항만이 현재 전하고 나머지는 전하지 않는다. 이수
광은 《지봉유설芝峯類說》 권2, 제국부諸國部 〈본국本國〉조에서 "오륜五倫을 합
해 8조목인 듯하다."라고 하였고, 안정복安鼎福은 《동사강목東史綱目》, 기묘년
〈조선 기자원년〉조에서 "《한서》에 '8조'라 하고서 3조만을 들었는데, 3조는
곧 홍범洪範의 팔정八政 중의 사구司寇의 일이다. 기자가 다스리는 데에는 반
드시 홍범洪範을 두고서 달리 도모하지 않았을 것이니, 8조는 팔정八政을 가
리켜 말하는 것일지도 모른다."라고 하였다. 근대에 들어서는 기자의 동래東
來와 동봉설東封說을 부인하는 입장에서, 이 범금팔조犯禁八條가 기자와는 전
혀 관련이 없는 조선 고유의 법금이었을 것으로 보는 견해가 제시되기도 하
였다.

³ 석상[翁仲]: 무덤 앞에 세우는 석상石像이나 장군석將軍石을 가리킴. 중국 진秦
나라 때 완옹중阮翁仲은 키가 13척에 달하여, 진시황이 임도臨洮를 지키게 하
니 흉노가 겁을 먹고 접근하지 못하였다. 옹중이 죽은 뒤에 그의 동상을 만들
어 함양궁咸陽宮 사마문司馬門 밖에 세웠고, 그 뒤로 동상이나 석상을 옹중이
라 일컫게 되었다.

⁴ 고라니 눈 같은 울타리: 고라니의 눈[麋眼]이 사방형斜方形으로 되어 있는데, 울
타리를 엮는 방법이 그와 비슷하므로 울타리를 궤안麋眼이라고 한다.

⁵ 응소應劭: 중국 후한後漢 때의 학자. 자는 중원仲瑗. 《한관의漢官儀》 등의 저술이
있다.

⁶ 찬瓚: 찬瓚은 《한서漢書》의 주註에 보이는 인물로 일부에서는 중국 진晉나라 때
교서랑校書郎을 지낸 부찬傅瓚이라고 설명하기도 하나 정확하지 않다.

⁷ 《괄지지括地志》: 중국 당나라 초기의 지지地志. 학자 복왕태濮王泰 등이 편찬한
것인데, 《신당서新唐書》 〈예문지藝文志〉를 보면 《괄지지》 550권 및 《서략序略》
5권이라 하나, 모두 산일散佚되고 현행본은 청淸나라의 손성연孫星衍이 여러

168

책에 인용된 일문逸文을 모아 편찬한 것이다.

8 조타趙佗: 조룡천趙龍川은 중국 한고조漢高祖 때 남월왕南越王이었던 조타를 가리킨다. 조룡천이라는 칭호는 조타가 진秦나라 때 용천현龍川縣의 현령을 지냈기 때문이다. 고조의 명을 받은 육가陸賈가 남월에 갔을 때 조타가 몽치 상투를 틀고 두 다리를 벌리고 앉은 채 육가를 맞았는데, 육가는 이런 조타에게 한 고조의 위엄과 덕으로써 타이른 일이 있다(《사기》 열전 권97 〈역생육가열전酈生陸賈列傳〉).

9 추저萩苴: 혹은 '狄苴, 荻苴'라 하여 '적저후狄苴侯, 荻苴侯'로 표기된 곳도 있다. 여기에서는 원문의 표기를 따른다.

10 《금조琴操》: 전 2권의 책으로 중국 한漢나라의 채옹蔡邕이 찬撰하였다.

11 기준을 …… 부른다: 무강왕武康王에 대해서는 조선후 기준箕準이라는 설과 백제 무왕武王이라는 설이 나뉜다. 안정복의 《동사강목》 부록, 〈고이考異〉편에 무강왕에 대해 고찰한 내용이 보이는데 여기에서 안정복은 기준과 무왕의 두 설이 모두 근거가 있다고 하였다.

12 용화산龍華山: 이 용화산은 백제 무왕武王과 관련된 미륵사彌勒寺 창건설화가 전하는 곳이기도 하다.

13 가탐賈耽: 730~805. 중국 당唐나라 순제順帝 때의 인물로 지리地理에 밝았고, 음양잡수陰陽雜數에도 정통하였다. 《해내화이도海內華夷圖》와 《고금군국현도사이술古今郡國縣道四夷述》 등의 저술이 있다고 하나 전하지 않는다.

14 제융祭肜: ?~73. 중국 동한東漢 때의 대신으로, 자는 차손次孫이며 영천영양潁川潁陽, 지금의 허창서許昌西 사람이다. 광무제光武帝 건무建武 17년(41)에 요동태수遼東太守가 되어 선비鮮卑를 대파하자 선비 · 오환烏桓이 모두 항복할 만큼 큰 공을 세웠다. 명제明帝 영평永平 12년(69)에 태복太僕이 되었지만, 후에 북흉노北匈奴 정벌에 공이 없자 면직되어 하옥되었다. 풀려난 지 며칠 안 되어 피를 토하고 죽었다.

15 창해滄海: 동해를 말한다.

16 《본기통람本紀通覽》: 《순암집順菴集》과 《청정관전서靑莊館全書》, 《오주연문장전산고五洲衍文長箋散稿》 등에 인용되어 있다. 정약용이 《여유당전서與猶堂全

書)에서 《동사東史》, 《보감寶鑑》과 더불어 정사正史가 아니라고 밝히고 있으나, 그 내용에 대해서는 미상이다.

17 오인烏引 …… 두 사람: 《삼국사기》 권13, 고구려본기 제1 〈시조 동명성왕〉 조에는 "오이烏伊·마리摩離·협보陜父 등 세 명"이라고 기록되어 있다.

18 심원춘沁園春: '심원沁園'은 중국 후한後漢 때 명제明帝의 딸 심수沁水공주가 가졌던 정원이었는데 이후에 일반적으로 공주의 정원으로 범칭하게 되었다. '심원춘沁園春'은 중국에서 '사詞'와 '곡曲'의 제목으로 애용되기도 하였다.

19 상부上部: 고구려는 동·서·남·북·중의 5부로 나누어져 있었는데 상부는 그 가운데 하나이다.

20 후주後周 무제武帝: 중국 남북조 시대 북주北周의 무제(재위 561~578)를 가리킨다.

21 대형大兄: 고구려의 14관등 중 제7위에 해당하는 관등이다.

22 요해遼海: 요동遼東을 달리 이르는 말.

23 개황開皇 …… 내렸다: '개황'은 중국 수나라 문제文帝의 연호로, 문제는 개황 18년(598) 고구려를 공격한 일이 있으나, 을지문덕이 '살수대첩'으로 수군을 격파하였던 것은 대업大業 8년(612) 양제煬帝가 고구려를 공격하였을 때이다.

24 구군九軍: 천자의 군대 편제를 일컫는 말이다.

25 방진方陣: 진법陣法의 하나로, 군대의 대형隊形을 네모나게 유지하는 대형인데, 수비에 유리하다.

26 주필산駐蹕山: '주필駐蹕'이란 말은 황제가 행차하여 잠시 머무는 것을 뜻하는 말이다.

27 서경: 중국 수隋나라 양제煬帝 때의 서경은 지금의 서안西安(장안)이다.

28 홍불기: 《규염객전虯髯客傳》의 등장인물. '규염객'이 비범한 자임을 알아본 여인으로, 붉은색 불자拂子를 들고 있었다 하여 '홍불기紅拂妓'라 지칭한 것이다. 《규염객전》은 중국 당唐 두광정杜光庭이 지은 전기傳奇로 대략의 내용은 다음과 같다. 수나라 말엽에 세상이 매우 혼란하였는데, 수나라의 중신重臣 양소楊素의 총애를 받던 홍불기가 이정李靖의 고매한 사람됨을 알아보고는 함께 도망을 쳤다. 이들은 제위帝位를 도모하던 규염객虯髯客을 우연히 만나게 되는데, 세 사람은 이세민李世民을 만나 그가 참으로 천자가 될 인물임을 확

170

신하게 된다. 이후 규염객은 중국을 떠나며 앞으로 동남쪽에 큰일이 있으면 곧 자신이 일을 이룬 것인 줄 알라는 말을 남겼는데, 과연 그 후에 이정은 부여에 정변이 일어났다는 소식을 접하게 된다.

29 《외국죽지사外國竹枝詞》: 중국 청나라 문인 우통尤侗이 지은 장편의 죽지사로, 세계 각국의 역사와 풍속을 백여 편의 칠언절구로 담아내었다. 우통의 자는 전성展成 호는 간재艮齋로 장주長洲 사람이다.

30 고구려高句麗가 …… 강등되었다: 《외국죽지사》의 원문은 "高句麗降下句麗, 未若朝鮮古號宜(고구려가 하구려로 강등되었네 / 옛 칭호만 같지 않아라). ……"인데 이에 대하여 "고조선은 고구려에 병입되었다. 수隋가 고구려를 정벌하였으나 굴복시키지 못하자 하구려라 폄하하였다[古朝鮮并入高句麗, 隋征之不服, 貶爲下句麗]."라는 주석이 달려 있다.

31 욕살傉薩: 고구려 지방 오부五部의 으뜸 벼슬.

32 고구려 추장酋長: 곧 양만춘楊萬春을 가리킨다. 정식 역사기록에는 양만춘이란 이름을 찾을 수 없고, 야사류를 통해 그 이름이 전해지고 있다.

33 성은 천씨인데: 본래는 '연淵' 씨인데 중국 당나라 고조의 이름이 '이연李淵'이었기에 중국 측의 사서에서 '연淵'을 '천泉'으로 바꾸었던 것으로 보인다.

34 병부상서兵部尙書나 중서령中書令: 병부상서는 병권兵權을 책임진 직책이고, 중서령은 중서성의 책임자로 '재상宰相'의 한 사람.

35 해선 …… 들어갔다: 이는 《규염객전》의 말미에 나오는 대목이다. 당이 건국된 후 이정李靖이 조정에 있을 때 이러한 보고를 접하고는 이것이 곧 규염객의 일인 줄 짐작하고 집에 돌아와 홍불기와 함께 부여 쪽을 향해 술잔을 올렸다.

36 대인大人: 고구려에서 부족의 우두머리를 일컬었던 말이다.

37 문황文皇: 중국 당태종 이세민李世民의 시호인 '문무대성황제文武大聖皇帝'를 줄여 표현한 말.

38 건봉乾封: 중국 당나라 고종高宗의 다섯 번째 연호. 666~667년에 해당한다.

39 이적李勣: ?~669. 중국 당나라의 개국과 변방정복에 공을 세운 무장. 644년과 666년의 두 차례에 걸쳐 고구려를 침공하였으며, 668년에는 평양성을 함락시키고 보장왕을 사로잡아 갔다.

⁴⁰ 장臧: 고구려 제28대 왕(642~668년 재위)으로 보장寶臧이라고도 한다. 영류왕榮留王의 동생인 태양왕太陽王의 아들로서 연개소문淵蓋蘇文이 영류왕을 시해하고 왕으로 옹립하였다. 668년 평양성이 함락당하고 당나라로 잡혀갔다가, 요동도독 조선군왕遼東都督朝鮮郡王에 임명되어 귀환하였다. 그 뒤 고구려 부흥을 도모하다가 681년 경주邛州(四川省 邛峽)로 유배되어 682년경 사망하였다.

⁴¹ 총장總章: 중국 당나라 고종의 여섯 번째 연호. 668~669년에 해당한다.

⁴² 검모잠鉗牟岑: 검모잠劒牟岑을 지칭함. 고구려 귀족출신으로 고구려 부흥운동을 주도하여, 안승安勝을 옹립하였으나, 결국 안승에게 피살당하였다.

⁴³ 안순安舜: 안승安勝을 지칭함. 보장왕의 외손으로 검모잠에 의하여 왕으로 옹립되고, 신라 문무왕으로부터 고구려왕으로 봉해졌으나, 당나라 이적과 고간이 침공하자 검모잠을 제거하고 신라로 투항하여 다시 보덕왕으로 봉해졌다.

⁴⁴ 수림성水臨城: 수곡성水谷城이라고도 칭함. 현재 황해도 신계군新溪郡 지역이다.

⁴⁵ 대형大兄: 고구려의 관명. 일명 '힐지纈支'라고도 한다.

⁴⁶ 궁모성窮牟城: 대현성大峴城이라고도 칭함. 현재 황해도 서흥군瑞興郡 지역이다.

⁴⁷ 사야도史冶島: 경기도 옹진군甕津郡 덕적면德積面 소야도蘇爺島의 옛 이름이다.

⁴⁸ 연정토淵淨土: 연개소문淵蓋蘇文의 동생. 연개소문의 아들들이 분열하여 고구려가 멸망으로 치닫자 고구려 남부의 12성城을 바치고 신라에 항복하였다.

⁴⁹ 소형小兄: 고구려의 관명. 일명 '실지失支'라고도 한다.

⁵⁰ 금마저金馬渚: 현재 전라북도 익산 지역이다.

⁵¹ 소판蘇判: 신라시대의 관등명. 잡판迊判 또는 잡찬迊湌이라고 하는데, 17등의 관계 중 제3등에 속한다.

⁵² 공손강公孫康: 중국 후한말기와 삼국시대에 요동遼東지역의 세력을 가진 인물로 위魏나라로부터 요동태수, 양평후襄平侯 등에 봉해지기도 했으나 실제상 독립국으로 고구려와 요동의 패권을 다투었다.

⁵³ 박원형朴元亨: 1411~1469. 조선 전기의 문신으로 본관은 죽산竹山, 자는 지구之衢, 호는 만절당晩節堂이다. 계유정난癸酉靖難 공신으로, 이조·형조 등 요직을 거쳐 연성부원군延城府院君에 봉해졌다. 1457년 함길도 순찰사로 나가서 부령진富寧鎭을 설치하였고, 1467년에 이시애李施愛의 반란이 일어나자 함길

도 존무사로 활동한 바 있다.

54 조룡대釣龍臺: 조룡대는 그 시적 소재가 흥미로워 일찍이 이 대를 두고 읊은
많은 시들이 전한다. 그 중의 하나로 영재寧齋 이건창李建昌의 악부시에 〈벌오
룡伐吾龍〉이란 작품은 당시 당군을 맞아 싸우던 백제군의 급박한 상황을 마치
눈앞에 두고 보는 듯한 뛰어난 묘사를 보여주고 있는데 그 시의 전문을 소개
하면 다음과 같다. "伐吾龍國乃滅, 吾國吾龍不可伐. 龍兮龍兮神且武, 長江日
日大風雨, 波濤洶湧不可渡. 蘇大將軍從北來, 阿殘角干從南來, 欲渡不得空徘
徊. 君王宴笑自溫臺, 宮女三千如花開, 樂莫樂兮萬歲杯. 伐吾龍國乃滅, 國將
滅兮龍先伐. 白馬之白天下無, 豐肌細毛膩且腴. 一軀可作千庖廚, 以此爲餌投
龍側. 龍兮見之攫而食, 忘其身兮與其國. 十八萬軍奮用力, 釣出大龍如小鯽.
持提擲投江之北, 龍旣死兮風雨息, 風雨息兮將奈何. 宮女紛紛墜江波, 君王面
壁出山阿. 南軍舞兮北軍歌, 伐吾龍國乃滅, 龍亦伐兮國亦滅."

55 소정방蘇定方: 중국 당唐나라의 무장으로 이름은 열烈, 자는 정방定方이다. 660
년(백제 의자왕 20) 3월 나·당羅唐 연합군의 대총관으로서 13만의 당군을 거느
리고 신라군과 함께 백제를 협공, 사비성泗沘城을 함락시키고 의자왕과 태자
융隆을 사로잡아 당나라로 송치하였다. 그 이듬해에 연합군을 거느리고 고구
려 평양성平壤城을 포위 공격하였으나 전세가 불리해지자 철군하였다.

56 손호孫皓: 중국 삼국시대 오吳나라 손권孫權의 손자로 주색에 빠져 정사를 돌
보지 않다가 진晉에 사로잡혀 낙양洛陽에서 죽었다.

57 진숙보陳叔寶: 중국 진陳나라의 후주後主로 주색에 빠져 나라를 그르치다가
수隋나라에 사로잡혀 수 문제隋文帝의 예우禮遇를 받다가 낙양에서 죽었다.

58 소정방蘇定方의 …… 글이다: 이 비는 국보 제9호인 '부여정림사지오층석탑扶
餘定林寺址五層石塔' 안에 들어있던 비로 높이 136.4cm, 폭 218.2cm, 행수는
118행, 잔존 글자는 약 1800자이다. 중국 명나라의 학자이자 서예가인 옹방
강翁方綱은 이 비문의 해서楷書를 두고 '해동의 석묵石墨 가운데에서 옛 글씨
에 가장 가까운 것'으로 평가한 바 있다. 비문의 내용은 대체로 소정방의 백
제 토평 공적에 대한 칭송을 담고 있다.

59 유인원劉仁願의 공적: 유인원은 중국 당唐나라의 장수로 태종太宗에게 발탁되

어 645년 당이 고구려를 공격할 때 뛰어난 공을 세웠으며, 660년에 소정방과 더불어 백제를 공격하여 멸망시킨 뒤 백제유민들의 부흥운동도 평정하였다. 여기서 말하는 유인원의 공적이란 보물 제21호인 '당유인원기공비唐劉仁願紀功碑'에 전하는 내용을 말한다. 이 비는 충남 부여 부소산에 있었던 비로 마모가 심하여 현재 비문은 내용의 절반가량만 전하고 있다. 비문의 내용은 대체로 유인원의 가문내력과 고구려·백제의 평정 활동에 대한 공적을 담고 있다. 《대동금석서大東金石書》 등에 그 탁본이 전한다.

60 부아악負兒岳: 부아악은 삼각산三角山, 곧 지금의 북한산을 말한다. 조선 숙종肅宗 때 승려 성능聖能이 저술한 《북한지北漢誌》에 보면 북한산의 인수봉에 대해 "인수봉은 삼각산의 제일봉으로, 사면이 깎아지른 절벽으로 둘러싸여 있다. 그 중의 한 바위는 봉우리 뒷면이 불룩 솟아 있어 마치 어린이를 업은 형상을 하고 있으므로 이를 부아악負兒岳이라고도 부른다[仁壽峯, 卽三角山之第一峯, 四面純石削立, 一巖贅於峯背, 故又名負兒岳]."라고 하였다.

61 강굉姜肱의 우애: 원문은 '姜肱被'로 되어 있다. '강굉姜肱의 이불'은 중국 동한東漢 때 사람 강굉姜肱이 아우 중해仲海·계강季江과 우애가 끔찍하여 늘 같은 이불을 덮고 잤다는 데서 유래한 것으로, 형제간의 우애가 돈독한 것을 의미한다.

62 불당: 절을 표시하는 당간幢竿을 가리킨다.

63 경주 북방이 …… 일컫는다: 이 동경구東京狗에 대해 이유원李裕元은 《임하필기林下筆記》에서 《지리지地理志》의 내용을 인용하여 "동경의 지형은 머리만 있고 꼬리가 없는 형상으로서, 이 지역에서 나는 개들은 대부분 꼬리가 없다. 그러므로 항간에서는 꼬리가 없는 개들을 '동경견'이라 부른다[東京之形, 有頭無尾. 犬之生於此地者, 多無尾, 故俗諺因以無尾犬, 謂之東京犬]."라고 하였다.

64 피촌避村: 《삼국유사》 권1 기이奇異, 사금갑射琴匣조에 "피촌은 지금의 양피사촌壤避寺村인데, 경주 남산의 동쪽 기슭에 있다[今壤避寺村在南山東麓]."라고 하였다.

65 분수焚修: 부처 앞에서 향을 태우고 불공을 드리는 일.

66 궁주宮主: 왕비 또는 친척 기타 궁녀 등 여자에 대한 높은 위품位品의 봉작封爵

174

명칭 중 하나로써, 시대에 따라 대상이 달랐다.

67 도달가刀怛歌:《점필재집佔畢齋集》권3에 보인다. 원제목은 '달도가刀怛歌'로 "怛怛復刀刀, 大家幾不保. 流蘇帳裏玄鶴倒, 揚且之晢難偕老. 刀怛刀怛. 神物不告知奈何. 神物告兮基圖大"라 하여 7구절로 되어 있는데, 유득공은 앞의 4구절만 인용하였다.

68 유소장: 유소는 기旗·승교乘轎·장막 등에 다는 오색의 깃털이나 실로 만든 술을 말한다. 유소장이란 이런 술이 달린 비단 장막을 가리킨다.

69 어여쁜 왕비:《시경》국풍 중 용풍鄘風의 〈군자해로君子偕老〉편에 보인다. '양揚'은 이마가 넓은 것을, '석晳'은 피부가 희고 깨끗함을 의미한다.

70 고운顧雲: 중국 당나라 지주池州 사람. 자는 수상垂象. 의종 때에 과거에 급제하여 고변高駢 밑에서 회남종사淮南從事를 지냈으며, 물러나서는 삽천霅川에 거하며 두문불출 저술을 하였다. 소종昭宗 대순大順(890~891)에 양소업羊昭業·노지유盧知猷·사공도司空圖 등과 함께 선종·의종·희종 삼조三朝의 실록을 분수分修하였고, 우부虞部 원외랑員外郞에 가자加資 되었다. 최치원과 동년同年 급제자로서, 최치원이 귀국할 때 〈고운편孤雲篇〉 혹은 〈유선가儒仙歌〉를 지어 주었다고 한다.《고운선생문집孤雲先生文集》권1에, 〈늦은 봄 즉시 읊어 동료 사신 고운에게 화답함[暮春卽事, 和顧雲友使]〉이라는 시가 실려 있기도 하다.

71 고변高駢: ?~887. 중국 당나라 말기의 관인. 자는 천리千里. 안남도호安南都護·정해군절도사靜海軍節度使 등을 역임. 황소黃巢의 난 때 관할 소재지인 양주揚州에 주둔한 채 장안長安을 점거한 황소군의 토벌에 적극적으로 움직이지 않고 형세를 관망하다가 결국 조정으로부터 반역의 의심을 받아 총수의 지위를 박탈당했다. 그후 신선 방술神仙方術에 빠져 업무를 소홀히 하다가 결국 부장部將 필사탁畢師鐸 등에게 살해당하였다.

72 태산太山: 태산은 지금의 태인泰仁. 숙종 22년(1696)에, 최치원을 제향하던 태산사泰山祠에 사액賜額을 내려 사액서원인 무성서원武城書院을 두었다.

73 해인사에 은거: 최치원은 904년경 해인사 화엄원華嚴院에서 피란 겸 휴양을 취하면서 현수국사賢首國師의 전기를 초抄하며 지냈다.

74 숭녕崇寧: 중국 송나라 휘종 초의 연호. 1102~1106년에 해당한다.

75 홍관洪灌: ?~1126. 자는 무당無黨, 고려 인종仁宗 때 사람으로, 벼슬이 상서좌복야尚書左僕射에 이르렀다. 시호는 충평忠平. 《고려도경高麗圖經》에는 '홍관洪瓘'으로 기록되어 있는데, 동일 인물이다. 김생金生의 필법을 본받은 명필로, 1102년 고려 숙종의 명으로 집상전集祥殿의 문액門額을 썼으며, 회경전會慶殿 병풍에 《서경書經》의 〈무일편無逸篇〉을 썼다고 전한다. 한치윤의 《해동역사》 권68, 인물고人物考에, 그가 중국 송나라 황제의 교서를 받고 〈청연각기淸燕閣記〉글씨를 돌에 썼다고 전한다. 청연각淸燕閣은 송나라 황제의 어제御製, 조칙詔勅, 서화書畵를 보관하는 전각이다. 《동문선東文選》에는 그가 지은 〈재청표再請表〉가 실려 있다.

76 양구楊球 · 이혁李革: 두 사람 모두 명필로 알려져 있으나 자세한 인적사항은 미상이다.

77 우군右軍: 우군은 중국 진晉나라 때 우군장군을 지낸 명필 왕희지王羲之를 가리킨다.

78 조자앙趙子昂: 중국 원나라 때의 문인 조맹부趙孟頫(1254~1322)이며, 자앙은 그의 자, 호는 송설도인松雪道人. 글씨와 그림에 뛰어났는데, 특히 송설체松雪體라는 독특한 서체로 유명하다.

79 황룡사皇龍寺: 경주시 월성月城의 동쪽 용궁의 남쪽에 있었던 절. 553년 진흥왕 14에 새로운 대궐을 본궁 남쪽에 짓다가 거기에서 황룡이 나타났으므로 이를 불사佛寺로 고쳐 황룡사라 하고 17년 만인 569년에 완성하였다고 한다.

80 분황사芬皇寺: 신라 634년(선덕여왕 3)에 경주 용궁龍宮의 북쪽에 건립되었던 절. 원효元曉가 이곳에 머물면서 《화엄경소華嚴經疏》 · 《금광명경소金光明經疏》 등의 저술을 남겼으며, 솔거率居가 그린 관음보살상 외에도 좌전左殿 북쪽 벽에 있었던 천수대비千手大悲 그림으로 유명하다. 경덕왕 때 한기리漢岐里에 사는 여자 희명希明의 아이가 다섯 살 때 갑자기 눈이 멀었으므로, 희명이 아이를 안고 천수대비 앞에 나아가서 〈도천수대비가禱千手大悲歌〉를 가르쳐 주고 노래를 부르면서 빌게 하였더니 눈을 뜨게 되었다고 한다.

81 단속사斷俗寺: 경상남도 산청군 단성면 운리 지리산에 있었던 절. 748년(경덕왕 7) 대내마 이순李純이 창건하였다는 설과, 763년 신충信忠이 창건하였다는

설이 있다. 763년 신충이 두 친구와 관을 벗어 걸고 지리산으로 들어갔는데, 왕이 두 번이나 불러도 나오지 않고 머리를 깎고 사문이 되어 왕을 위하여 단속사를 짓고 죽을 때까지 대왕의 복을 빌겠다고 하니 왕이 허락하였다고도 전한다. 경내에 최치원의 독서당이 있었다고 하며, 현재 보물 제72호인 단속사지 동삼층석탑과 보물 제73호인 단속사지 서삼층석탑이 원위치에 있으며, 근처에 최치원崔致遠이 쓴 '광제암문廣濟嵒門' 각석刻石이 전한다.

82 유상곡수流觴曲水: 중국 왕희지王羲之의 〈난정기蘭亭記〉에서 나온 말. 진 목제 晉穆帝 영화永和 9년 3월 3일에 왕희지가 사안謝安 · 손작孫綽 등 당대의 명사 40여 인을 회계會稽 산음山陰의 난정蘭亭에 모아 놓고 흐르는 물에 술잔을 띄워[流觴曲水] 그 술잔이 자기 앞에 이르기 전에 시를 짓는 등의 풍류를 즐기면서 계사禊事를 행했던 데서 온 말이다. 계사는 곧 불결한 것들을 제거하는 제祭의 뜻이다.

83 문천불계蚊川祓禊: 불계는 삼월 상사절上巳節에, 유상곡수流觴曲水의 놀이를 하면서 신神에게 빌어 재액災厄을 떨어버리는 일이다.

84 설계두薛罽頭: ?~645(선덕여왕 14). 중국 당나라에서 활동한 신라출신의 무인. 그는 육두품가문에서 출생하여 진골이 아니면 대신 · 장군이 될 수 없는 자신의 처지를 분통이 여겨 중국에 가서 크게 출세할 것을 기약하였다. 621년(진평왕 43) 몰래 배를 타고 당나라에 건너가 645년 당나라 태종이 고구려를 치기 위하여 출정하였을 때 종군을 자청하여 좌무위과의左武衛果毅가 되어 요동 안시성安市城 부근 주필산駐蹕山 밑에서 고구려 군대와 격전을 벌이다 전사하였다. 당나라 황제가 어의御衣를 벗어 그의 시신을 덮어 주고, 대장군大將軍의 관직을 주고 예로써 장사지냈다. 《신증동국여지승람》 권21, 경상도 경주부 인물 조의 〈설계두〉에 자세한 내용이 보인다.

85 신라 제도에 …… 먹는다: 이 내용에 대해 《동사강목》 권4에는, 〈신유년 신라 태종 8년, 문무왕 원년(661)〉 조 6월 기사에 "신라 왕 춘추春秋가 훙薨하고 태자 법민法敏이 즉위하였다. 신라의 제도에, 왕에게 하루 반미飯米 서 말과 수 꿩 아홉 마리를 바쳤는데, 왕이 백제를 멸하고는 주선晝膳(점심)을 없앴다."라는 기록이 보인다.

86 《강계지疆界志》: 신경준申景濬이 편찬한 3권 3책의 수필고본手筆稿本 《강계고疆界考》를 가리킨다. 책표지에는 '강계지疆界誌 권3~권5로 표시되어 있고, 권3의 첫머리에 수록된 서문에는 책의 제목을 '강계고疆界考' 로 써두었다. 《여암전서旅菴全書》 권6, 강계고 〈명주국溟州國〉조의 내용을 요약하여 인용한 것이다. 이 《강계지》는 《동국문헌비고》, 〈여지고輿地考〉 편찬의 기초 자료로 활용되었으며, 그곳에서 출전을 표기할 때 '강계지' 라고 하였다.

87 무월랑無月郎: 허균의 《성소부부고》 권7, 문부文部, 〈별연사鱉淵寺 고적기古迹記〉에 이 이야기와 대동소이한 무월랑의 몇 가지 일화가 전한다.

88 주원周元 : 김주원金周元. 신라 태종 무열왕의 6대손으로 유정惟靖의 아들. 강릉 김씨의 시조始祖이다.

89 연화부인蓮花夫人: 안정복의 《동사강목》, 부록 〈연화부인〉조에, "김주원金周元의 어머니다. 원성왕元聖王 2년 (786)."이란 주석이 달려 있고, 다음과 같이 기록되어 있다. "《고기古記》에, '주원과 경신은 동모형제同母兄弟이다. 어머니는 명주溟州 사람으로 처음 연화봉蓮花峯 밑에 살았으므로 연화부인蓮花夫人이라 호칭하였는데, 주원이 명주에 봉해지자 부인은 주원에게 봉양을 받았다. 왕은 한해에 한 차례씩 와서 문안하였으며, 4대代 만에 국호를 없애고 주州로 만들었다.' 라고 하였다. 그렇다면 연화 부인이 주원의 어머니요, 경신과 동모同母라는 설은 곧 《고기》의 오록誤錄인 듯하다. 이제 취하지 않는다."

90 명주곡溟州曲: 정약용은 이에 대해 《여지고輿地考》에서 다음과 같이 주장하였다. "옛 기록에, '주원의 모친이 명주사람인데, 처음에 연화봉 아래에 살았기 때문에 연화부인이라 부른다고 하였고, 명주곡은 마땅히 신라악부에 속해야 한다[古記, 周元母, 溟州人, 始居蓮花峰下, 號蓮花夫人. 溟州曲, 當屬新羅樂府. 案溟州曲, 與蓮花夫人事, 毫不相涉, 此又傅會也].' 라고 하였다. 명주곡을 고찰하매, 연화부인의 일과는 털끝만큼도 관여됨이 없으니, 이는 견강부회이다."라고 하였다. 《여유당전서》 한국문집총간 281책 499면 참조.

91 계음禊飮: 유둣날에 액운을 떨어 버리기 위하여 물가에서 제사를 지내고 먹고 마시고 노는 일.

92 죽지竹枝: 죽지는 악부樂府의 체體 이름으로, 주로 지방의 풍속이나 여인의 정

서를 읊은 가사歌詞의 일종이다. 중국 소식蘇軾의 〈죽지가竹枝歌〉 자서自序에 의하면, 죽지사는 본래 초나라에서 발생한 노래로 회왕懷王·굴원屈原·항우項羽 등의 슬픈 이야기가 전승되어 원통하고 애달픈 곡조를 띠게 되었다고 하였다.

93 사다함斯多含: 원문에는 '다사함多斯含'이라 하였는데, '사다함斯多含'의 오류가 분명하여 바로잡는다.

94 진쟁秦箏: 진쟁은 중국 진秦나라 사람들이 타던 쟁을 말하는데, 사유史游가 찬한 〈급취편急就篇〉 주에 다음의 구절이 있어 참고할 만하다. "쟁箏은 슬瑟 따위로서 본래는 12현이던 것이 지금은 13현으로 되어 있다. 이는 대개 진나라에서 만든 것인 까닭에 이름을 진쟁秦箏이라 하며, 또는 진나라 풍속이 각박하고 악독하여 부자간에 슬瑟을 서로 가지려고 다투는 자가 있어 각기 반절씩 쪼개어 갖게 되었던 까닭에, 그 당시 쟁이란 명칭을 붙이게 되었다. 슬이 본디 25현이었다면, 12현 혹은 13현 따위는 슬에 비해 반절밖에 되지 않는데, 쟁이란 이름은 변하지 않았다."

95 달팽이 뿔 …… 것인가:《장자莊子》〈칙양則陽〉편에, "달팽이의 왼쪽 뿔 위에 있는 촉씨觸氏의 나라와 오른쪽 뿔 위에 있는 만씨蠻氏의 나라가 서로 땅을 다투어 크게 싸웠다[有國於蝸之左角者曰觸氏, 有國於蝸之右角者曰蠻氏, 時相與爭地而戰, 伏屍數萬, 逐北旬有五日而後反]."라는 구절이 있는데, 좁은 땅에서 하찮은 일로 서로 다투는 것을 '와우각상蝸牛角上의 쟁투'라고 한다.

96 오량五兩: 바람을 측정하던 기구. 닷 냥 무게의 닭털을 큰 장대에 매달아 바람의 세기나 방향을 측정한다.

97 시호柴胡: 산형과傘形科에 속하는 다년생 초본식물. 꽃은 황색으로 8·9월에 핀다. 한방에서는 뿌리를 약재로 이용한다. 약성은 서늘하고 맛이 쓰다.

98 고본藁本: 미나리아재비과에 속하는 다년생 초본식물. 깊은 산과 산기슭에 자라며, 털이 없고 향기가 많이 난다. 뿌리를 한약재로 이용한다. 약성藥性은 온화하며 맛은 맵고 향기가 있다.

99 석남石楠: 만병초萬病草. 진달래과에 속하는 상록 소관목으로 중부이북의 해발 1300m이상의 고산지역에 분포되어 있다. 주로 계곡의 습기가 많은 곳에 잘 자란다. 꽃은 7월에 피는데 철쭉과 비슷하고 색은 흰 것과 옅은 황색이 많

다. 특히 울릉도에서 자라는 꽃은 꽃잎이 붉은 색을 띠는데 이를 '홍만병초紅萬病草'라 부른다.

[100] 등초藤草: 등나무. 콩과의 낙엽 덩굴성 식물. 줄기는 마디가 있고 잎은 달걀 모양의 타원형이며 끝에 덩굴손이 있어 다른 물건을 감아 올라간다. 여름에 자주색 꽃이 핀다.

[101] 가지可之: 바다사자. 물개과의 바다짐승. 물개과 가운데 가장 크며, 옅은 적갈색이고 털은 없다. 우는 소리가 사자와 비슷하다. 북태평양에서 번식하고 겨울철에는 한국 동해안 및 북해도北海島에까지 분포되어있다.

[102] 아슬라주阿瑟羅州: 현재의 강원도 강릉시.

[103] 용삭龍朔: 중국 당唐 고종高宗의 연호年號로 661~663년에 해당한다.

[104] 양을나가 …… 제삼도第三都라고 했다: 《영주지瀛州志》에는 "고을나가 사는 곳을 제일도라고 하였는데, 곧 지금의 제주목濟州牧이고, 양을나가 사는 곳을 제이도라 하였는데, 곧 지금의 대정현大靜縣이며, 부을나가 사는 곳을 제삼도라 하였는데, 곧 지금의 정의현旌義縣이다."라고 되어있다.

[105] 객성客星: 하늘에 일시적으로 나타나는 손님별. 현대 천문학에서 신성新星이나 초신성超新星 및 변광성變光星이 이에 해당한다. 객성이라는 말은 《사기史記》 천관서天官書에 처음으로 보인다.

[106] 성주星主: 신라시대부터 고려를 거쳐 조선 초까지 제주 지방의 대표적 토호土豪에게 준 작호爵號. 이조李朝 초기까지 이 작호가 그대로 쓰였고, 그 토호土豪로서의 지위가 인정되었다.

[107] 왕자王子: 성주 다음으로 토호에게 주는 작호이다.

[108] 처음에 …… 고쳤다: 《증보문헌비고》 권51, 부록·씨족〈제주고씨濟州高氏〉에 유사한 기사가 보이는데, 《영주지瀛州志》를 인용하였다고 되어 있다.

[109] 모흥혈毛興穴: 삼성혈三姓穴. 고高·양良·부夫씨의 시조인 고을나高乙那·양을나良乙那·부을나夫乙那의 세 신인神人이 솟아났다는 구멍이다. 삼성혈은 지상에서 볼 수 있는 세 구멍으로 되어 있는데, 구멍은 품자品字 모양으로 배치되어 있다. 그 가운데 하나는 둘레가 6자이고 깊이는 바다까지 통한다고 하며, 나머지 두 구멍은 둘레가 각각 3자이다.

110 정명貞明: 중국 후량後梁 마지막 황제의 연호.

111 풍천원楓川原은 …… 남아있다: 이 내용은 《신증동국여지승람》권47 〈강원
   도 철원도호부 고적〉 조에 보이는데, 《신증동국여지승람》에는 철원부와 궁전
   터가 27리 떨어져 있다고 되어 있다.

112 활 걸어 놓은 것: 원문은 '設弧'인데, 사내아이를 낳아 돌이 되면 사방四方에
   뜻을 두라는 의미로 활을 걸어두었던 풍습을 말한다.

113 설공薛公: 중국 전국시대戰國時代 사군四君의 한 사람인 맹상군孟嘗君을 말한
   다. 설薛읍의 봉주인 전영田嬰의 아들로 태어나 아버지의 뒤를 이어 설읍의
   봉주가 되었으므로 맹상군을 설공이라고 부른다. 맹상군 또한 5월 5일에 태
   어나 아버지에게 버림받을 뻔 했으나 그의 어미가 몰래 키웠다고 한다. 여기
   서는 같은 단옷날에 태어나 부왕에게 버림받은 궁예의 처지를 맹상군에 비유
   한 듯하다.

114 사유四維: 동남 · 서남 · 동북 · 서북의 네 모퉁이를 말한다.

115 기장騎將: 기장이 정식명칭은 아니며, 기마군대를 통솔하는 장수인 듯하다.

116 칠등漆燈: '칠등漆燈'은 죽은 사람의 무덤을 지칭한다. 《회남자淮南子》의 "久
   血爲燐"에 대한 주석에, "精在地久爲燐, 遙望烔烔然火也. 鬼燈如漆, 古墓亦
   有漆燈."이라는 기록이 보이며, 《당재자전唐才傳》〈심빈전沈彬傳〉에, "彬臨
   終, 指葬處, 示家人. 及窆果掘, 得一空塚, 有漆燈靑焱, 壙頭立一銅板篆, 文曰,
   '佳城今已開, 雖開不葬埋. 漆燈終未滅, 留待沈彬來.'"라는 기록이 보인다.

117 제국대장공주齊國大長公主: 1259~1297. 고려 충렬왕의 비. 중국 원나라 세
   조世祖의 딸. 어머니는 아속진가돈阿速眞可敦. 원종 15년(1274) 원나라에 가 있
   던 고려 세자 심諶(忠烈王)과 결혼하여 같은 해 즉위한 충렬왕을 따라 고려에
   왔다. 1275년 원성공주元成公主에 책립冊立되었고, 그해 충선왕을 낳았다. 죽
   은 뒤 원나라 성종成宗 때 안평공주安平公主에, 무종武宗 때 제국대장공주에 추
   봉追封되었다. 고려 왕실과 원나라 왕실 사이에 이루어진 최초의 혼인이다.

118 궁려穹廬: 북방 유목민들이 기거하는 둥근 천막.

119 정화궁주貞和宮主: ?~1319. 충렬왕의 비. 시안공始安公 왕인王絪의 딸. 충렬
   왕이 태자일 때 납비納妃되어 1274년 충렬왕이 즉위하자 정화궁주에 책봉되

었다. 그러나 몽고인 왕비 제국대장공주가 이강釐降(皇女가 제후에게 시집가는 것을 말함)한 뒤로는 항상 별궁에 거처하면서 충렬왕과 가까이하지 못하였다. 충렬왕 2년(1276) 무녀를 시켜 제국대장공주를 저주하였다는 무고를 받아 나장가螺匠家에 갇히고 부고府庫를 봉쇄당하였다가 유경柳璥의 도움으로 석방된 일도 있었다. 정신부주貞信府主라고도 한다. 슬하에 강양공江陽公 자자滋·정령원비靜寧院妃·명순원비明順院妃 등 1남 2녀를 두었다.

120 수녕궁壽寧宮: 고려시대에 개성開城 하지전下紙殿 수륙교水陸橋 옆에 있던 궁. 의종毅宗 즉위년(1146) 10월에 대녕궁大寧宮으로 고치고 장공주長公主에게 하사하였다. 충선왕忠宣王은 이곳에서 즉위하고 군신들의 하례를 받았으며, 1만 반승飯僧을 베푼 뒤 모후의 추복追福을 위해 희사하고 민천사旻天寺라 사액賜額하였다. 이후 고려 왕실의 원찰願刹로 지정되어 수많은 불사를 행하였고 공민왕 때까지 여러 차례의 반승재飯僧齋를 행하였다.

121 조자앙趙子昂: 중국 원나라의 화가이자 서예가인 조맹부趙孟頫(1254~1322). 자앙은 그의 자字. 호號는 송설松雪. 별호別號는 구파鷗波·수정궁도인水精宮道人. 오흥吳興 사람. 송나라 종실의 후손으로, 원나라 때 벼슬에 나가 관직이 한림학사翰林學士·영록대부榮祿大夫에 이르렀으며, 죽은 후 위국공魏國公에 봉해졌다.

122 정동행성征東行省을 주관케 하고: 1307년에 원나라에 가 있던 충선왕(재위 1298, 1308~1313)이 원의 황위계승분쟁에서 무종武宗을 옹립하여 정치적 실세로 떠올랐다. 충선왕은 이때 본국에 있는 충렬왕(재위 1274~1308) 세력을 감시하기 위해 정동행성의 증치增置를 요청한바 원나라에서 관리를 파견한 일이 있다.

123 노구盧溝: 중국 북경 서남쪽에 있는 지역 이름. 이곳 영정하永定河에 유명한 노구교盧溝橋가 있다.

124 보다시리공주[寶塔實憐公主]: ?~1315. 충선왕의 비妃. 중국 원나라 진왕晉王 감마랄甘麻剌의 딸. 충렬왕 22년(1296) 충선왕이 세자로 원나라에 있을 때 세자빈이 되었고, 1298년 고려에 와서 왕비가 되었다. 조비趙妃를 질투하여 이를 원나라 황실에 모함하자, 원나라에서는 충선왕을 폐위시키고 충렬왕을 복

위시켰다. 뒤에 충렬왕의 총신 송린宋璘 등이 모함하여 왕 부자 사이를 이간 시키는 한편, 공주를 서흥후瑞興侯 전琠에게 개가시키려고 하였다. 1308년 충선왕이 원 무종元武宗 즉위에 공을 세우고, 고려 본국에서도 충렬왕 부자의 불화가 풀어짐에 따라 공주의 개가 문제는 가라앉게 되었다. 한국장공주韓國長公主에 봉해졌으며, 사후에 계국대장공주薊國大長公主에 추봉되었다.

125 심양왕瀋陽王: 고려 후기에 원元나라에서 고려 왕족에게 수여한 봉작封爵의 하나. 심왕瀋王이라고도 한다. 충선왕이 원에 머무는 동안 1307년(충렬왕 33) 무종武宗 즉위에 공을 세우고, 그 대가로 이듬해 이 작호를 받아 심양을 포함한 요양遼陽 지방에 사는 고려인들을 다스리게 되었다. 그 곳은 몽골침략 이후 고려의 유이민과 전쟁포로들이 많이 흩어져 살던 지역으로, 이전에 원나라는 안무고려군민총관부安撫高麗軍民總管府라는 특수행정단위를 설치하여 그 장관으로 고려인인 홍복원洪福源 일족 및 영녕공永寧公 준綧을 임용했었다.

126 정동행중서성征東行中書省: 일본을 정벌한다는 의미의 정동征東과 중서성의 지방기구라는 의미의 행중서성行中書省이 결합한 것으로 정동행성征東行省이라고도 한다. 1280년(충렬왕 6) 원나라 세조가 일본정벌을 위해 처음 설치했다가 실패하자 폐지하였고, 뒤에 다시 일본정벌을 단행하면서 1283년과 1285년에 각각 설치하였다. 그러나 세조가 죽은 뒤 일본정벌이라는 본래의 목적이 없어지면서 의례적인 기구로 바뀌었다가 1299년에는 다시 고려의 내정을 간섭하는 기구로 변하였다. 1356년 공민왕이 반원反元정책을 추진하면서 폐지하였다.

127 만권당萬卷堂: 충선왕이 원나라 연경燕京(北京)에 세운 서당. 충선왕이 충숙왕에게 왕위를 넘기고 원나라에 가서 살면서 1314년(충숙 1) 연경의 사제私第에 이를 세웠다. 상왕上王으로서 입장이 자유롭고 재정이 넉넉했으므로 고금의 진서珍書를 많이 수집한 후, 이제현·박충좌朴忠佐 등 고려 학자들을 부르고, 원나라의 유명한 학자인 조맹부趙孟頫·염복閻復·우집虞集·요봉姚燧 등과 교유하면서 중국의 고전 및 당시 북중국에서 유행한 성리학性理學도 섭렵하게 되었다. 만권당에 모여든 학자들은 학술뿐만 아니라 예술·골동骨董 등에 걸쳐 활동을 함으로써 고려와 원나라와의 문화교류에 일정한 역할을 하

였다.

128 요수姚燧: 중국 원나라 초기의 학자. 자는 단보端甫, 호는 목암牧菴. 젊어서
    허형許衡을 종유하였고, 벼슬은 한림학사翰林學士·승지承旨 등을 지냈다. 저
    서에 《국통이합표國統離合表》·《목암집牧菴集》이 있다. 《원사元史》 권174, 《송
    원학안宋元學案》 권90 참조.

129 염복閻復: 중국 원나라 성종·무종 때 학자. 자는 자정子靖. 왕용경王用磬의
    천거로 관직에 나갔으며 한림학사 수찬·승지 등을 역임하였다. 저서에 《정
    헌집靖軒集》이 있다.

130 원명선元明善: 중국 원나라 초기의 학자. 청하淸河 사람. 자는 복초復初. 어려
    서부터 문장으로 이름이 높았으며, 《춘추春秋》에 조예가 깊었다. 벼슬은 한림
    학사翰林學士에 이르렀다.

131 《이상국집李相國集》: 고려 고종 28년(1241)에 펴낸 이규보李奎報의 문집 《동국
    이상국집東國李相國集》을 말한다. 민족서사시 〈동명왕편東明王篇〉, 가전체문학
    의 대표작인 〈국선생전麴先生傳〉과 〈청강사자현부전淸江使者玄夫傳〉, 시론詩論
    등 국문학사에 주목되는 글이 풍부하며, 《구삼국사舊三國史》의 존재와 내용
    일부, 팔만대장경의 판각 연혁, 금속활자의 사용 사실 등 귀중한 역사사실도
    많이 실려 있는 문헌이다.

132 산호정山呼亭: 고려 때 개경開京의 궁궐 금원禁苑에 있던 정자.

133 연경궁延慶宮: 개성開城 송악산松岳山 밑에 있던 고려 시대의 궁궐.

134 차약송車若松: 고려 명종·신종 때의 무신. 명종 초에 낭장郎將을 거쳐 장군
    이 되고, 신종 즉위년(1197)에 추밀원부사樞密院副使를 거쳐 중서평장사中書平
    章事에 이르렀다.

135 기홍수奇洪壽: 1148~1209. 고려 중기의 무신. 본관은 행주幸州. 자는 태고太
    古. 시서詩書에 능하였고, 명종·신종·희종 3대에 걸쳐 무관으로 이름이 높
    았다. 최충헌崔忠獻의 신임이 두터워 추밀원부사·병부판사 등의 요직을 지
    냈다.

136 무산巫山과 …… 원숭이만: 무산은 중국 사천성四川省 무산현巫山縣의 파산산
    맥巴山山脈에 있는 봉우리 이름. 이곳은 원숭이가 서식하는 지역으로, 이백李白

의 〈이른 아침 백제성을 떠나며[早發白帝城]〉, 두보杜甫의 〈추흥 팔수秋興八首〉 등 무산의 원숭이 울음소리를 읊은 시들이 많다. 〈추흥 팔수〉의 두 번째 작품에 비슷한 어구가 보이므로 여기에 소개해둔다. "夔府孤城落日斜, 每依北斗望京華. 聽猿實下三聲淚, 奉使虛隨八月槎. 畫省香爐違伏枕, 山樓粉堞隱悲笳. 請看石上藤蘿月, 已映洲前蘆荻花"《두소릉시집杜少陵詩集》권17.

137 《대명일통지大明一統志》: 1461년에 중국 명나라의 이현李賢 등이 편찬한 책. 중국 전역全域과 조공국朝貢國의 지리에 대하여 기록하였다. 90권 60책.

138 강일용康日用이 …… 하였다: 강일용은 고려 예종 때의 시인. 강일용이 시를 짓는데 얽힌 일화는 《고려사》·《동문선東文選》·《사가집四佳集》 등 여러 문헌에 전한다.

139 신왕辛王: 고려 제32대 우왕禑王(재위 1374~1388)을 말함. 공민왕과 신돈辛旽의 시녀 반야般若의 소생. 아명은 모니노牟尼奴. 1371년(공민왕 20) 신돈이 처형된 다음 궁중에 들어가, 강령부원대군江寧府院大君에 봉해졌다. 1374년 공민왕이 시해되자, 수시중守侍中 이인임李仁任의 후원으로 10세에 즉위하였다. 이인임의 유배로 정치적 지지기반을 잃고 1388년 6월 폐위되어 강릉江陵에 유배되었다가 아들 창왕昌王과 함께 이성계에 의해 살해되었다. 이성계를 추종하는 세력들은 우왕·창왕 부자를 왕씨王氏가 아니고 요승妖僧 신돈의 혈통이라고 하여 우왕·창왕의 재위기간을 '신조辛朝'라고 불렀다.

140 신돈辛旽: ?~1371. 고려 말의 승려. 법명은 편조遍照. 호는 청한거사淸閑居士. 옥천사玉川寺 사비寺婢의 아들로 태어나, 공민왕으로부터 신임을 받아 국정을 맡았다. 전제 개혁田制改革, 노비 해방 따위의 개혁 정책을 폈으나, 상층계급의 반발로 실패하였으며 후에 왕의 시해를 음모하다 발각되어 처형되었다.

141 곡령鵠嶺의 소나무: 곡령은 개성 송악松嶽의 별칭. 신라 말 최치원崔致遠이 고려 태조에게 글을 보냈는데, 신라가 망하고 고려가 흥할 것을 알고 "鵠嶺靑松, 鷄林黃葉."이라는 말을 했다고 한다.

142 《송경잡기松京雜記》: 여기 《송경잡기》는 혹 《송도잡기松都雜記》를 말하는 것인지 모르겠다. 1648년(인조 26) 개성유수 김육金堉이 《송도지松都誌》를 편찬할 때, 《송도잡기松都雜記》를 많이 참고하였다고 한다. 《송도잡기》는 장연군수長

淵郡守를 역임한 조신준曹臣俊(1573~?)이 개성開城의 고사와 풍속을 모아 엮은 책이라고 하나 자세히 알 수 없다.

143 도선道詵: 통일 신라 말기의 중. 풍수지리설의 대가. 속성은 김金. 혜철대사慧徹大師(惠哲로도 씀)에게 무설설無說說 등을 배워 크게 깨달았으며, 참선 삼매의 불도를 닦았다. 그의 음양지리설과 풍수상지법風水相地法은 고려와 이조 시대에도 큰 영향을 주었다. 《도선비기道詵祕記》라는 예언서를 남겼다고 한다.

144 삼각산이 …… 규봉窺峰: 규봉은 풍수에서 다른 곳의 허점을 엿보아 그 운을 빼앗으려고 하는 봉우리. 명당의 혈장에 섰을 때 주위 산 너머로 그 형체가 완전히 드러나지는 않으면서 혈장을 몰래 기웃거리듯 보이는 산체를 말한다. 날씨가 좋은 날 개성에서 손巽의 방향으로 보면 한양 삼각산이 보이는데, 그 삼각산이 개성으로서는 규봉의 형세가 된다고 한다.

145 세상에서 …… 때문이다라고 한다: 전설에 의하면 도선국사道詵國師가 개성의 터를 보던 날은 마침 날씨가 흐렸던 탓에 삼각산 규봉을 보지 못한 채 이곳을 천 년 왕업의 터로 정했다고 한다. 나중에 국사가 이를 확인하고 그를 누르기 위해 두 가지 비보裨補의 대책을 세웠다. 즉 규봉은 도봉盜峰이므로 도적을 물리칠 때 이용하는 등燈과 개로써 막아야 한다는 것이다. 그리하여 상명등常明燈을 거대한 바위 위에 놓고, 쇠로 만든 개 열두 마리를 도성의 손방巽方에 배열하였다. 개성시 청교면 덕암리에 있는 등경암燈擎岩과 오천烏川의 좌견교坐犬橋는 그 당시의 유적이다.

146 좌견리坐犬里: 김육金堉의 《송도지松都志》〈고적古跡〉 조에 "坐犬里, 道詵作石犬於子男山下, 以爲壓勝, 故名其里."라는 대목이 보인다.

147 東方初無君長 …… 唐堯戊辰歲也: 《동국통감》, 외기 〈단군조선〉 조에 보인다. 원문은 "東方初無君長, 有神人, 降于檀木下, 國人立爲君, 是爲檀君, 國號朝鮮, 是唐堯戊辰歲也."라고 되어 있다.

148 檀君都平壤: 《삼국유사》, 기이紀異〈고조선〉에 보인다. "檀君, …… 都平壤城"

149 大同江 …… 出急水門入海: 《신증동국여지승람》 권51 〈평양부 산천 대동강〉 조에 보인다.

150 平壤者 …… 王儉之宅也: 《삼국사기》 권17, 고구려본기 제5 〈동천왕〉 21년

186

조에 보인다.

151 檀君名王儉: 여기서 말하는 《동사東史》가 무엇을 말하는지는 불분명하다. "하夏의 우禹 임금 십팔년에 … 조회하였다"는 문구는 홍만종의 《동국역대총목東國歷代總目》〈단군〉 조에 보이고, 안정복의 《동사강목東史綱目》 제1상 을묘 조선 〈기자원년〉 조에도 수록되어 있다. 그런데 《동사강목東史綱目》에서 《동국역대총목》을 여러 차례 인용하고 있고, 또 이만운의 《동국문헌비고東國文獻備考》나 정약용의 《여유당전서與猶堂全書》〈제찬집·여지고〉에서 《동국역대총목》을 《동사》라 칭하였다. 그러므로 유득공이 말한 《동사》는 《동국역대총목》일 가능성이 높다고 하겠다. 《동국역대총목》〈단군〉 조에는 "檀君, 名王儉." 이라고 되어 있다.

152 燕人衛滿 …… 都王險: 《신증동국여지승람》 권51 〈평양부 산천 대동강〉 조에 보인다.

153 夏禹十八年 …… 朝焉: 《동국역대총목》〈단군〉 조에 보인다. 원문은 "甲戌 夏禹十八年, 遣子扶婁朝夏, 時禹會諸侯於塗山, 檀君遣子扶婁朝焉."이라고 되어 있다.

154 檀君子解扶婁, 爲夫餘始祖: 《동국문헌비고》 권6, 여지고輿地考·역대국계 〈부여국〉 조에 보인다. 원문은 "檀君之子解扶婁, 爲夫餘始祖."라고 되어 있다.

155 武王旣克殷 …… 而不臣也: 《사기》 권38, 〈송미자세가宋微子世家〉에 보인다. 원문은 "武王旣克殷乃封箕子於朝鮮, 而不臣也."라고 되어 있다.

156 殷道衰 …… 人五十萬: 《한서漢書》 권28, 〈지리지地理志〉에 보인다.

157 殷太師箕子 …… 都平壤: 《동국통감東國通鑑》, 외기外紀 〈기자조선〉 조에 보인다.

158 箕子墓, 在平壤府城北兎山: 《신증동국여지승람》 권1, 〈경도京都〉 조에 보인다.

159 東有箕祠 …… 如衣錦繡之文襦: 동월董越의 《조선부朝鮮賦》에 이 기록이 보인다. "東有箕祠, 禮設木主, 題曰朝鮮後代始祖, 蓋尊檀君爲其建邦啓土, 宜以箕子爲其繼世傳緖也. …… 墓在兎山維城乾隅, …… 有兩翁仲, 如唐巾裾, 點以爛斑之苔蘚, 如衣錦綉之文襦." 한편, 이 기록은 《신증동국여지승람》 권1, 〈경도京都〉 조에도 인용되어 있다.

160 壬辰之亂 …… 懼而止: 《동국문헌비고》권32, 〈예고禮考〉조에 이 기록이 보인다. 원문은 "本朝宣祖, 壬辰之亂, 倭寇掘左邊, 深一丈許, 堅不可鑿, 俄而樂聲自壙中出, 賊懼懼而止."라고 되어 있다.

161 箕子井田 …… 區畫宛然: 《평양부지平壤府志》는 미상. 다만 윤두수尹斗壽가 편집, 1730년 목판으로 간행한 《평양지平壤志》의 권2, 〈고적古蹟〉조에 관련 기록이 보인다. "箕子宮遺基, 在正陽含外. 詳見箕子志." "箕子井, 在井田中."

162 朝鮮王滿者 …… 都王險: 《사기》권115, 〈조선열전朝鮮列傳〉에 보인다. 원문은 "朝鮮王滿者, 故燕人也. 自始全燕時, 嘗略屬眞番·朝鮮, 爲置吏, 築鄣塞. 秦滅燕, 屬遼東外徼, 漢興, 爲其遠難守, 複修遼東故塞, 至浿水爲界, 屬燕. 燕王盧綰, 反入匈奴, 滿亡命, 聚黨千餘人, 魋結蠻夷服, 而東走出塞, 渡浿水, 居秦故空地上下鄣, 稍役屬眞番·朝鮮蠻夷及故燕·齊亡命者, 王之, 都王險."이라고 되어 있다.

163 滿 …… 本漢樂浪郡王險城: 《사기史記》권115, 〈조선열전朝鮮列傳〉주석에 보인다. 원문은 "素隱案, 漢書, 滿燕人, 姓衛, 擊破朝鮮王, 而自王之. …… 應劭注地理志云, 遼東有險瀆縣, 朝鮮王舊都. 瓚云, 王險城在樂浪郡浿水之東也. …… 括地志云, 高驪都平壤城, 本漢樂浪郡王險城, 又古云朝鮮地也."라고 되어 있다.

164 箕子之後 …… 不敵也: 《위략魏略》은 산실되어 전하지 않고, 이 기록은 《문헌통고文獻通考》권324 〈조선朝鮮〉에 기재되어 있다. 원문은 "魏略曰, 昔箕子之後朝鮮侯, 見周衰, 燕自尊爲王, 欲東略地, 朝鮮侯亦自稱爲王, 欲興兵逆擊燕以尊周室. 其大夫禮諫之, 乃止. 使禮西說燕, 燕止之, 不攻. 後子孫稍驕虐, 燕乃遣將秦開攻其西方, 取地二千餘里, 至滿番汗爲界, 朝鮮遂弱. 及秦并天下, 使蒙恬築長城, 到遼東. 時朝鮮王否立, 畏秦襲之, 略服屬秦, 不肯朝會. 否死, 其子準立. 二十餘年而陳·項起, 天下亂, 燕·齊·趙民愁苦, 稍稍亡往準, 準乃置之於西方. 及漢以盧綰爲燕王, 朝鮮與燕界於浿水. 及綰反, 入匈奴, 燕人衛滿亡命, 爲胡服, 東度浿水, 詣準降, 說準求居西界, 故中國亡命爲朝鮮藩屏. 準信寵之, 拜爲博士, 賜以圭, 封之百里, 令守西邊. 滿誘亡黨, 衆稍多, 乃詐遣人告準言, '漢兵十道至, 求入宿衛.' 遂還攻準. 準與滿戰, 不敵也."라고 되어 있다.

165 朝鮮王滿 …… 玄菟四郡:《한서漢書》권95,〈서남이양월조선전西南夷兩粵朝鮮
傳〉에 보인다. 원문은 "朝鮮王滿, 燕人, 自始燕時, 嘗略屬眞番朝鮮 …… 傳子
至孫右渠, 所誘漢亡人滋多, 又未嘗入見, …… 故遂定朝鮮, 爲眞番·臨屯·樂
浪·玄菟四郡."이라고 되어 있다.

166 樂浪郡治朝鮮縣, 今平壤:《동국문헌비고東國文獻備考》권1, 여지고·역대국계歷代國界
〈낙랑군〉 조에 보인다.

167 朝鮮相韓陰亡降, 漢封爲荻苴侯:《사기》권115,〈조선열전朝鮮列傳〉에 보인
다. 원문은 "朝鮮相路人·相韓陰·尼谿相參·將軍王唊相與謀曰, '始欲降
樓船, 樓船今執. 獨左將軍並將, 戰益急, 恐不能與, 王又不肯降.' 陰·
唊·路人皆亡降漢. 路人道死. 元封三年夏, 尼谿相參乃使人殺朝鮮王右渠來
降. 王險城未下, 故右渠之大臣成已又反, 複攻吏. 左將軍使右渠子長降, 相
路人之子最告諭其民, 誅成已, 以故遂定朝鮮, 爲四郡. 封參爲澅淸侯, 陰爲
荻苴侯, 唊爲平州侯, 長爲幾侯."라고 되어 있다.

168 亦日公無渡河 …… 以寫其聲:《고악부古樂府》권4,〈상화곡相和曲〉 조에 보이
는데 원문은 "一日公無渡河, 崔豹古今註日 '箜篌引者, 朝鮮津卒霍里子高妻
麗玉所作也. 子高晨起刺船, 有一白首狂夫, 披髮提壺, 亂流而渡, 其妻隨而呼
止之, 不及, 遂墮河而溺死. 於是, 妻乃援箜篌而歌, 聲(音)甚悽愴. 曲終, 亦投
河而死. 子高還以其事語麗玉, 麗玉傷之, 乃引箜篌而(以)寫其聲, …… '公無渡
河, 公竟渡河, 墮河而死, 當奈公何.'"라고 되어 있다.

169 韓有三種 …… 自立爲韓王:《후한서後漢書》권115,〈동이전東夷傳〉에 보인다.
원문은 "韓有三種, 一日馬韓, 二日辰韓, 三日弁辰. 馬韓在西, 有五十四國, 其
北與樂浪, 南與倭接. …… 初朝鮮王準, 爲衛滿所破, 乃將其餘衆數千人, 走入
海, 攻馬韓破之, 自立爲韓王"이라고 되어 있다.

170 箕準旣爲衛滿所攻奪, 入海居韓地金馬郡:《동국통감東國通鑑》,〈삼한三韓·마
한馬韓〉 조에 보인다.

171 金馬 …… 有金馬山:《동국문헌비고東國文獻備考》권1, 여지고·역대국계歷代國界〈마한국〉
조에 보인다.

172 箕準城 …… 周三千九百尺:《신증동국여지승람》권33,〈전라도 익산군益山

郡〉 조에 보인다.

173 朝鮮侯準 …… 居韓地:《삼국지》권30, 위지魏志〈동이전東夷傳〉에 보인다.
원문은 "朝鮮侯准, 旣僭號稱王, 爲燕亡人衛滿所攻奪, 將其左右官人, 走入海,
居韓地, 自號韓王."이라고 되어 있다.

174 箕準號武康王:《동국역대총목東國歷代總目》의 원문은 "輿地勝覽所謂朝鮮武
康王, 卽準也."으로 출입이 많다.

175 龍華山 …… 遊山下/雙陵 …… 後朝鮮武康王及妃陵也:《신증동국여지승람》
권33, 〈전라도 익산군益山郡〉 조에 보인다.

176 武帝元朔元年 …… 爲滄海郡:《전한서前漢書》권6, 〈무제기武帝紀〉에 보인다.
원문은 "元朔元年 …… 東夷薉君南閭等, 口二十八萬人降, 爲蒼海郡."이라고
되어 있다(축약한 내용이 많으므로 일부만 실어둔다).

177 濊 …… 本朝鮮之地也:《후한서後漢書》권115, 〈동이전東夷傳〉에 보인다. 원
문은 "濊, 北與高句驪沃沮, 南與辰韓接, 東窮大海, 西至樂浪. 濊及沃沮句驪,
本皆朝鮮之地也."라고 되어 있다.

178 新羅北界溟州, 古濊國:《고금군국지古今郡國志》는 가탐賈耽(730~805)이 지은
《고금군국현도사이술古今郡國縣道四夷述》을 이르는 듯한데 이 책은 현재 유실
되어 전하지 않는다.

179 今江陵府東, 有濊時所築古城遺址:《동국문헌비고》권1, 여지고 · 역대국계
〈예국〉 조에 보인다.

180 大關嶺 …… 曉日鷄初鳴處生:《신증동국여지승람》권44, 〈강원도 강릉대도
호부江陵大都護府〉 조에 보인다.

181 新羅南解次次雄十六年 …… 獻之:《삼국사기》권1, 〈신라본기新羅本紀〉에 보
인다.

182 武帝卽位, 彭吳穿濊貊朝鮮:《한서漢書》권24, 〈식화지食貨志〉 제4에 보인다.
원문은 "卽位數年, …… 彭吳穿穢貊朝鮮, 置滄海郡."이라고 되어 있다.

183 肜: 원문은 '彤'으로 되어 있으나, '肜'으로 바로 잡았다.

184 遼東太守祭肜威讋北方 …… 萬里朝獻:《후한서後漢書》권85, 동이열전東夷列
傳 제75, 〈동이東夷〉조에 보인다. "遼東太守祭肜威讋北方, 聲行海表, 於是, 濊

貊倭韓, 萬里朝獻."

185 句麗王宮 …… 攻華麗城:《후한서》권85, 동이열전 제75,〈동이〉조에 보인
다. 원문은 "安帝永初五年, 宮遣使貢獻, 求屬玄菟, 元初五年, 復與濊貊寇玄
菟, 攻華麗城[華麗縣屬樂浪郡]."이라고 되어 있다.

186 貊 …… 昭陽江北:《동국문헌비고》권1, 여지고 · 역대국계〈맥국貊國〉조에
보인다.

187 昭陽江 …… 爲昭陽江:《신증동국여지승람》권46,〈강원도 춘천도호부春川
都護府〉조에 보인다.

188 檀君 …… 以爰民居:《동국역대총목》,〈단군조선檀君朝鮮〉조에 보인다.

189 牛首州有彭吳碑: 이 내용이《동국문헌비고》권1, 여지고 · 역대국계〈단군
조선국檀君朝鮮國〉조에 그대로 보이는 것으로 보아,《동사》와《본기통람》의
기록은《동국문헌비고》에서 재인용한 것으로 여겨진다.

190 彭吳乃漢人而非檀君之臣也:《동국문헌비고》권1, 여지고 · 역대국계〈단군
조선국檀君朝鮮國〉조에 보인다.

191 通道自彭吳:《동국역대총목》을 비롯하여, 안정복安鼎福의《동사강목東史綱
目》과《순암집順菴集》, 이덕무李德懋의《청장관전서靑莊館全書》, 이규경李圭景의
《오주연문장전산고五洲衍文長箋散稿》등에 김시습의 시로 "수춘壽春이 곧 맥국
貊國인데, 팽오로부터 길이 열렸네[壽春是貊國, 通道自彭吳]."라는 구절이 인용되
어 있는데,《매월당집梅月堂集》에서는 확인되지 않는다.

192 高句麗者 …… 因以高爲氏:《위서魏書》권100, 열전列傳 제88,〈고구려高句麗〉
조에 보인다. 원문은 "高句麗, 出於夫餘, 自言先祖朱蒙. 朱蒙母河伯女. 爲
夫餘王閉於室中, 爲日所照, 引身避之, 日影又逐, 旣而有孕, 生一卵, 大如五升.
夫餘王棄之與犬, 犬不食, 棄之與豕, 豕又不食, 棄之於路, 牛馬避之, 後棄之
野, 衆鳥以毛茹之. 夫餘王割剖之, 不能破, 遂還其母. 其母以物裹之, 置於暖
處, 有一男破殼而出, 及其長也, 字之曰朱蒙, 其俗言朱蒙者善射也. 夫餘人以
朱蒙非人, 所生將有異志, 請除之, 王不聽, 命之養馬. 朱蒙每私試, 知有善惡,
駿者減食令瘦, 駑者善養令肥. 夫餘王, 以肥者自乘, 以瘦者給朱蒙, 後狩于田,
以朱蒙善射, 限之一矢, 朱蒙雖矢少, 殪獸甚多, 夫餘之臣, 又謀殺之. 朱蒙母陰

知, 告朱蒙曰, ‘國將害汝, 以汝才略宜遠適四方.’ 朱蒙乃與烏引烏違等二人,
棄夫餘東南走. 中道遇一大水, 欲濟無梁, 夫餘人追之甚急, 朱蒙告水曰, ‘我是
日子, 河伯外孫, 今日逃走, 追兵垂及, 如何得濟.’ 於是, 魚鼈幷浮, 爲之成橋,
朱蒙得渡, 魚鼈乃解, 追騎不得渡. 朱蒙遂至普述水, 遇見三人, 其一人著麻衣,
一人著衲衣, 一人著水藻衣, 與朱蒙至紇升骨城, 遂居焉, 號曰高句麗, 因以爲
氏焉."이라고 되어 있다.

[193] 二十二: 원문은 ‘二十’으로 되어 있으나, 《삼국사기》에 의거해 ‘二十二’로
바로 잡는다.

[194] 高句麗始祖東明聖王 …… 漢元帝建昭二年也: 《삼국사기》권13, 고구려본기
〈시조 동명성왕〉조에 보인다. 원문은 "始祖東明聖王, 姓高氏, 諱朱蒙 …… 至
卒本川, 觀其土壤肥美, 山河險固, 遂欲都焉. 而未遑作宮室, 但結廬於沸流水
上, 居之. …… 時, 朱蒙年二十二歲, 是漢孝元帝建昭二年."이라고 되어 있다.

[195] 二十二: 원문은 ‘二十’으로 되어 있으나, 《삼국사기》에 의거해 ‘二十二’로
바로 잡는다.

[196] 琉璃王二十二年 …… 築慰那巖城: 《삼국사기》권13, 고구려본기 〈유리왕〉
조에 보인다. 원문은 "二十二年, 冬十月, 王遷都於國內, 築尉那巖城"이라고
되어 있다.

[197] 山上王十三年, 移都於丸都: 《삼국사기》권16, 고구려본기 〈산상왕〉조에 보
인다. 원문은 "十三年, … 冬十月, 王移都於九都"라고 되어 있다.

[198] 東川王二十一年 …… 移民及廟社: 《삼국사기》권17, 고구려본기 〈동천왕〉
조에 보인다. 원문은 "二十一年, 春二月, 王以丸都城經亂, 不可復都, 築平壤
城, 移民及廟社."라고 되어 있다.

[199] 高句麗 …… 居平壤: 《통전通典》권186, 〈변방 · 고구려〉조에 보인다. 원문은
"自東晋以後, 其王所居平壤城"이라고 되어 있다.

[200] 麒麟窟 …… 在麒麟窟南: 《신증동국여지승람》권51, 〈평안도 평양부平壤府〉
조에 보인다.

[201] 東明王墓 …… 葬於龍山: 《신증동국여지승람》권52, 〈평안도 중화군中和郡〉
조에 보인다.

202 琉璃王 …… 立爲太子: 《삼국사기》 권13, 고구려본기 〈유리왕〉 조에 보인다. 원문은 "瑠璃明王立. 諱類利, 或云孺留. 朱蒙元子, 母禮氏. 初朱蒙在扶餘, 娶禮氏女, 有娠. 朱蒙歸後乃生, 是爲類利. 幼年, 出遊陌上彈雀, 誤破汲水婦人瓦器. 婦人罵曰, '此兒無父, 故頑如此.' 類利慙歸, 問母氏: '我父何人, 今在何處?' 母曰, '汝父非常人也, 不見容於國, 逃歸南地, 開國稱王. 歸時謂予曰, '汝若生男子, 則言我有遺物, 藏在七稜石上松下, 若能得此者, 乃吾子也.'' 類利聞之, 乃往山谷, 索之不得, 倦而還. 一旦在堂上, 聞柱礎間若有聲, 就而見之, 礎石有七稜. 乃搜於柱下, 得斷劍一段. 遂持之與屋智 · 句鄒 · 都祖等三人, 行至卒本, 見父王, 以斷劍奉之. 王出己所有斷劍, 合之, 連爲一劍. 王悅之, 立爲太子, 至是繼位."라고 되어 있다.

203 琉璃王娶二女 …… 誰其與歸: 《삼국사기》 권13, 고구려본기 〈유리왕〉 조에 보인다. 원문은 "王更娶二女以繼室, 一曰禾姬, 鶻川人之女也, 一曰雉姬, 漢人之女也. 二女爭寵, 不相和, 王於涼谷, 造東西二宮, 各置之. 後王田於箕山, 七日不返. 二女爭鬪, 禾姬罵雉姬曰, '汝漢家婢妾, 何無禮之甚乎?' 雉姬慙恨亡歸. 王聞之, 策馬追之, 雉姬怒不還. 王嘗息樹下, 見黃鳥飛集, 乃感而歌曰, '翩翩黃鳥, 雌雄相依, 念我之獨, 誰其與歸?'"라고 되어 있다.

204 鷄立山 …… 以方言相似也: 《신증동국여지승람》 권29, 〈경상도 문경현 산천〉조에 보인다. "鷄立嶺, 俗號麻骨山, 方言相似也. 在縣北二十八里, 乃新羅時舊路."

205 溫達容貌龍鐘可笑 …… 遂擧以窆: 《삼국사기》 권45, 열전 〈온달〉 조에 보인다. 원문은 "溫達, 高句麗平岡王時人也. 容貌龍鐘可笑, 中心則曉然. 家甚貧, 常乞食以養母. 破衫弊履, 往來於市井間, 時人目之爲愚溫達. 平岡王少女兒好啼. 王曰, '汝常啼我耳, 長必不得爲士大夫妻, 當歸之愚溫達.' 王每言之, 及女年二八, 欲下嫁於上部高氏, 公主對曰, '大王常語, 汝必爲溫達之婦, 今何故改前言乎. 匹夫猶不欲食言, 況至尊乎. 故曰, 王者無戲言, 今大王之命, 謬矣. 妾不敢祗承.' 王怒曰, '汝不從我敎, 則固不得爲吾女也, 安用同居, 宜從汝所適矣.' 於是 公主以寶釧數十枚繫後, 出宮獨行, …… 後周武帝, 出師伐遼東, 王領軍逆戰於肄山之野, 溫達爲先鋒, 疾鬪斬數十餘級, 諸軍乘勝奮擊大克. 及論功, 無不以溫達爲第一. 王嘉歎之曰, '是吾女壻也.' 備禮迎之, 賜爵爲大兄. 由

此寵榮尤渥 威權日盛. 及陽王卽位, 溫達奏曰, '惟新羅, 割我漢北之地, 爲郡縣, 百姓痛恨, 未嘗忘父母之國. 願大王不以愚不肖, 授之以兵, 一往必還吾地.' 王許焉. 臨行誓曰, '鷄立峴・竹嶺已西, 不歸於我, 則不返也.' 遂行, 與羅軍戰於阿旦城之下, 爲流矢所中而死. 欲葬, 柩不肯動, 公主來撫棺曰, '死生決矣, 於乎歸矣.' 遂擧而窆. 大王聞之悲慟."이라고 되어 있다.

206 清川江 …… 與博川江合流入海:《신증동국여지승람》권52,〈평안도 안주목 산천〉조에 보인다. 원문은 "清川江, 一名薩水, 源出妙香山, 經州城北下, 西流三十里, 與博川江合流入海."라고 되어 있다.

207 乙支文德 …… 惟二千七百人:《삼국사기》권44, 열전〈을지문덕〉조에 보인다. 원문은 "乙支文德, 未詳其世系, 資沈有智數, 兼解屬文. 隋開皇中, 煬帝下詔征高句麗, 於是左翊衛大將軍宇文述, 出扶餘道, 右翊衛大將軍于仲文, 出樂浪道, 與九軍至鴨水. …… 文德見隋軍士有饑色, 欲疲之, 每戰輒北, 述等一日之中, 七戰皆捷, 旣恃驟勝, 又逼群議, 遂進東, 濟薩水, 去平壤城三十里, 因山爲營. …… 文德又遣使詐降, …… 爲方陣而行, 文德出軍, 四面擊之, 述等且戰且行, 至薩水, 軍半濟, 文德進軍, 擊其後軍, 殺右屯衛將軍辛世雄. 於是, 諸軍俱潰, 不可禁止, 九軍將士奔還, 一日一夜, 至鴨水, 行四百五十里. 初度遼九軍三十萬五千人, 及還至遼東城, 唯二千七百人."이라고 되어 있다.

208 遼東之役 …… 知足願云止:《수서》권60,〈우중문전〉에 보인다. 원문은 "遼東之役, 仲文率軍指樂浪道, …… 至鴨綠水, 高麗將乙支文德, 詐降來入其營. …… 仲文將執之, 時尙書右丞劉士龍, 爲慰撫使, 固止之. 仲文遂捨文德, 尋悔遣人紿文德曰, '更有言議, 可復來也.' 文德不從, 遂濟. 仲文選騎渡水追之, 每戰破賊, 文德遺仲文詩曰, '神策究天文, 妙算窮地理. 戰勝功旣高, 知足願云止.'"라고 되어 있다.

209 王莽更名高句麗王, 爲下句麗侯:《후한서》권115,〈동이전東夷傳〉에 보인다. 원문은 "王莽初發句驪兵以伐匈奴, 其人不欲行, 彊迫遣之, 皆亡出塞, 爲寇盜, 遼西大尹田譚追擊, 戰死. 莽令其將嚴尤擊之, 誘句驪侯騶入塞, 斬之, 傳首長安. 莽大說, 更名高句驪王, 爲下句驪侯."라고 되어 있어 유득공이 인용한 것과 차이가 있다. 이 기록에 따르면 왕망이 고구려의 제후를 죽였다고 하는데,

그 고구려의 제후가 누구인지 확실치 않다. 이때는 고구려 유리왕 31(AD12)년의 일이다.

210 高句麗降下句麗: 《외국죽지사》의 첫머리 〈조선朝鮮〉조에 보인다. 원 시는, "高句麗降下句麗, 未若朝鮮古號宜. …이하 생략…"라고 되어 있다.

211 太宗自將伐高麗 …… 賜絹百匹: 《구당서》권199, 〈동이열전〉에 보인다. 원문은 "次安市城北, 列營進兵以攻之. 高麗北部傉薩高延壽 南部傉薩高惠貞, …… 延壽等膝行而前, 拜手請命, …… 因名所幸山, 爲駐蹕山, 令將作造破陣圖 命中書侍郎許敬宗爲文勒石以紀其功, …… 遂攻安市, …… 每見太宗旄麾, 必乘城鼓譟, 以拒焉, 帝甚怒. …… 道宗以樹條苞壤爲土, 屯積以爲山, 其中間五道加木被土於其上, 不捨晝夜, 漸以逼城, 道宗遣果毅都隊傅伏愛, 領隊兵於山頂以防敵, 土山自高而陂, 排其城, 城崩, 會伏愛私離所部, 高麗百人, 自頹城而戰, 遂據有土山而塹斷之, 積火縈盾以自固, 太宗大怒, 斬伏愛以徇, 命諸將擊之. 三日不能剋, 太宗以遼東倉儲無幾, 士卒寒凍, 乃詔班師, 歷其城, 城中皆屏聲偃幟, 城主登城, 拜手奉辭, 太宗嘉其堅守, 賜絹百疋, 以勵事君之節."이라고 되어 있다.

212 蓋蘇文者 …… 至投坑谷: 《신당서》권220, 〈동이열전〉에 보인다. 원문은 "蓋蘇文者, 或號蓋金, 姓泉氏, 自云生水中, 以惑衆, …… 自爲莫離支, 專國, 猶唐兵部尙書, 中書令職云. 貌魁秀, 美鬚髯, 冠服皆飾以金, 佩五刀, 左右莫敢仰視. 使貴人伏諸地, 踐以升馬, 出入陳兵, 長呼禁切, 行人畏竄 至投坑谷."이라고 되어 있다.

213 乾封元年 …… 立藏外孫安舜爲王: 《신당서》권220, 열전 〈동이〉에 보인다.

214 窮牟: 원문에는 '窮年'으로 되어 있으나, 《삼국사기》에 의거하여 바로 잡는다.

215 新羅文武王十年 …… 賜姓金氏: 신라본기 〈문무왕〉 10년조에 보인다. 원문은 "高句麗水臨城人, 牟岑大兄收合殘民, 自窮牟城至浿江南, 殺唐官人及僧法安等, 向新羅, 行至西海史冶島, 見高句麗大臣淵淨土之子安勝, 迎致漢城中, 奉以爲君. 遣小兄多式等, 哀告曰: '興滅國, 繼絕世, 天下之公義也, 惟大國是望. 我國先王以失道見滅, 今臣等得國貴族安勝, 奉以爲君, 願作藩屏, 永世盡忠.' 王處之國西金馬渚. …… 封安勝爲高句麗王. …… 十四年, 改封爲報德

王, 以王妹妻之. 神文王 二年, 徵爲蘇判, 賜姓金氏."라고 되어 있다.

²¹⁶ 益山郡 …… 號金馬渚:《신증동국여지승람》제33권, 〈전라도 익산군 건치연혁〉조에 보인다. 원문은 "本馬韓國, 至百濟始祖溫祚王幷之, 自後號金馬渚." 라고 되어 있다.

²¹⁷ 高句麗劍牟岑 …… 立王外孫安舜爲王:《삼국사기》권22, 고구려본기 〈보장왕〉 27년조에 보인다.

²¹⁸ 牟岑大兄收合殘民 …… 殺唐官:《삼국사기》권6, 신라본기 〈문무왕〉 10년조에 보인다.

²¹⁹ 總章二年 …… 走新羅:《신당서》권220, 열전 〈동이〉에 보인다. 원문은 "鉗牟岑率衆反, 立藏外孫安舜爲王. 詔高偘東州道李謹行燕山道竝爲行軍總管討之, 遣司平太常伯楊昉綏納亡餘, 舜殺鉗牟岑, 走新羅."라고 되어 있다.

²²⁰ 正州 …… 有沸流水:《요사遼史》권38, 지리지 〈신향현神鄕縣〉에 보인다.

²²¹ 高句麗始祖二年 …… 麗語謂復舊土爲多勿:《삼국사기》권13, 고구려본기 〈시조 동명성왕〉 2년조에 보인다. 원문은 "二年, 夏六月, 松讓以國來降, 以其地爲多勿都, 封松讓爲主. 麗語謂復舊土爲多勿, 故以名焉."이라고 되어 있다.

²²² 成川府, 本沸流王松讓故都:《신증동국여지승람》권54, 〈평안도 성천도호부成川都護府 건치연혁〉조에 보인다.

²²³ 紇骨山 …… 峰前江水正接藍:《신증동국여지승람》권54, 〈평안도 성천도호부 산천〉조에 보인다. 원문은 "紇骨山, 在府西北二里, 有攢峰十二, 世謂之巫山十二峯. 朴元亨詩, '江上群峰劍樣尖, 峰前江水正接藍.'"이라고 되어 있다.

²²⁴ 沸流江 …… 合流入大同:《신증동국여지승람》권54, 〈평안도 성천도호부 산천〉조에 보인다. 원문은 "沸流江, 卽卒本川, 俗稱遊車衣津, 在客館西三十步. 其源有二, 一出陽德縣吳江山, 一出孟山縣大母院洞. 至府北三十里合流, 歷紇骨山, 下山底有四石穴, 水入穴中通流沸騰西出, 故名沸流江. 又與慈山郡禹家淵, 合入于大同江."이라고 되어 있다.

²²⁵ 高句麗東明王 …… 松讓不能爭:《삼국사기》권13, 고구려본기 〈시조 동명성왕〉조에 보인다. 원문은 "王見沸流水, 中有菜葉逐流下, 知有人在上流者, 因以獵往尋, 至沸流國. 其國王松讓出見曰, '寡人僻在海隅, 未嘗得見君子. 今日

邂逅相遇, 不亦幸乎. 然不識吾子自何而來,' 答曰, '我是天帝子, 來都於某所.' 松讓曰, '我累世爲王, 地小不足容兩主, 君立都日淺, 爲我附庸可乎.' 王忿其言, 因與之鬪辯 亦相射以校藝 松讓不能抗."이라고 되어 있다.

226 馬韓有五十四國 …… 兼諸小國:《남사南史》권79, 열전 〈이맥夷貊·동이〉에 보인다. 원문은 "馬韓有五十四國, 大國萬餘家, 小國數千家, 總十餘萬戶, 百濟卽其一也. 後漸强大, 兼諸小國."이라고 되어 있다.

227 百濟之國 …… 亦曰固麻城:《북사北史》권94, 열전 〈백제〉에 보인다.

228 百濟始祖溫祚王 …… 國號南扶餘:《삼국사기》권23～권26, 〈백제본기〉에 보인다.

229 百濟 …… 今夫餘縣:《동국문헌비고》권2, 여지고輿地考·역대국계 〈백제국 百濟國〉조에 보인다. 원문은 "聖王十六年, 移都所夫里, 一云泗沘, 改國號南夫餘. ……"라고 되어 있다.

230 扶餘縣 …… 形如半月:《신증동국여지승람》권18, 〈충청도 부여현 고적 반월성〉조에 보인다.

231 自溫臺 …… 則巖自溫:《신증동국여지승람》권18, 〈충청도 부여현 고적 자온대〉조에 보인다. 원문은 "自溫臺, 在縣西五里, 自落花巖順流而西有怪巖跨于水渚, 可坐十餘人. 諺傳百濟王遊于此巖, 則巖自溫, 故名."이라고 되어 있다.

232 扶蘇山 …… 送月臺:《신증동국여지승람》권18, 〈충청도 부여현〉조에 보인다. 원문은 "扶蘇山, 在扶餘縣北三里鎭山. 東岑有坡陀處, 號曰迎月臺, 西岑曰送月臺."라고 되어 있다.

233 百濟義慈王十六年 …… 悔不用成忠之言:《삼국사기》권28, 백제본기 〈의자왕義慈王〉16년·20년 조에 각각 보인다. 원문은 "王與宮人淫荒耽樂, 飮酒不止, 佐平成忠極諫, 王怒, 囚之獄中, 由是, 無敢言者. 成忠瘦死, 臨終, 上書曰, '忠臣死不忘君, 願一言而死, 臣常觀時察變, 必有兵革之事, 凡用兵, 必審擇其地, 處上流以延敵, 然後可以保全, 若異國兵來, 陸路, 不使過沈峴, 水軍, 不使入伎伐浦之岸, 據其險隘以禦之, 然後可也.' 王不省焉. …… 唐兵乘勝薄迫城, 王知不免, 嘆曰, 悔不用成忠之言, 以至於此."라고 되어 있다.

234 扶蘇山下 …… 巖名釣龍臺:《신증동국여지승람》권18, 〈충청도 부여현〉조에

보인다. 원문은 "自虎岩順流而南, 至于扶蘇山下, 有一怪石巖, 跨于江渚, 石上有龍攫之跡, 諺俗傳蘇定方伐百濟, 臨江欲渡, 忽風雨大作, 以白馬爲餌, 而釣得一龍, 須臾開霽, 遂渡師伐之, 故江名曰白馬, 岩名曰釣龍臺."라고 되어 있다.

235 落花巖 …… 故名: 《신증동국여지승람》 권18, 〈충청도 부여현〉조에 보인다.

236 顯慶五年 …… 陳叔寶墓左: 《신당서新唐書》 권220, 〈동이열전東夷列傳〉에 보인다. 원문은 "顯慶五年, 乃詔左衛大將軍蘇定方, 爲神丘道行軍大總管, 率左衛軍劉伯英‧右武衛將軍馮士貴‧左驍衛將軍龐孝泰發新羅兵討之, 自城山濟海, 百濟守熊津口, 定方縱擊, 虜大敗破. 王師乘潮帆以進, 趨眞都城一舍止. 虜悉衆拒, 複破之, 斬首萬餘級, 拔其城. 執義慈挾太子隆走北鄙, 定方圍之. 次子泰自立爲王, 率衆固守, 義慈孫文思曰, '王太子固在, 叔乃自王, 若唐兵解去, 如我父子何縋' 與左右縋而出, 民皆從之, 泰不能止. 定方令士超堞立幟, 泰開門降, 定方執義慈‧隆及小王孝演‧酋長五十八人送京師, 平其國五部三十七郡二百城戶七十六萬. 乃析置熊津‧馬韓‧東明‧金漣‧德安五都督府, 擢酋渠長治之. 命郞將劉仁願守百濟城, 左衛郞將王文度爲熊津都督. 九月, 定方以所俘見, 詔釋不誅. 義慈病痛死, 贈衛尉卿, 許舊臣赴臨, 詔葬孫皓陳叔寶墓左."라고 되어 있다.

237 縣庭有石槃 …… 傳爲百濟宮女浴槃: 《부여현지扶餘縣志》에 대해서는 자세하지 않다. 기타 《부여지扶餘志》 등의 여러 부여 관련 읍지에 '욕반浴槃'에 대한 설명이 보이지 않아 유득공이 어느 읍지를 열람하였는지 미상이다.

238 縣之豐田驛東 …… 懼而止云: 《부여현지》에 대해서는 자세하지 않다. 기타 《부여지扶餘志》 등의 부여 관련 읍지에도 '책바위[册巖]'에 대한 설명이 보이지 않는다. 다만 부여군청 홈페이지에 소개된 마을유래에 관한 설명에 다음과 같은 내용이 보인다. "부여읍 용정리: 마을 남쪽 엄방골에 깎은 듯한 바위에 네모진 금이 있는 책册바위는 백제가 망하자 중요한 서적을 이곳에 감추었다는 전설이 있다."

239 縣南二里 …… 中折字多剜: 《부여현지》에 대해서는 자세하지 않다. 다만 '대당평백제국비大唐平百濟國碑'와 '유인원비劉仁願碑'에 대한 설명이 《부여지扶餘志》 등의 여러 읍지에 두루 보이고 있다.

²⁴⁰ 朱蒙自北扶餘逃難 …… 遂慚悔而死:《삼국사기》권23, 백제본기 〈시조 온조왕始祖 溫祚王〉 조에 보인다. 원문은 "朱蒙, 自北扶餘逃難, 至卒本扶餘, 扶餘王無子, 只有三女子, 見朱蒙, 知非常人, 以第二女妻之, 未幾, 扶餘王薨, 朱蒙嗣位, 生二子, 長曰沸流, 次曰溫祚, 及朱蒙在北扶餘所生子來爲太子, 沸流溫祚恐爲太子所不容, 遂與烏干馬黎等十臣南行, 百姓從之者多, 遂至漢山, 登負兒嶽, 望可居之地, 沸流欲居於海濱, 十臣諫曰, 惟此河南之地, 北帶漢水, 東據高岳, 南望沃澤, 西阻大海, 其天險地利, 難得之勢, 作都於斯, 不亦宜乎, 沸流不聽, 分其民, 歸弥鄒忽以居之, 溫祚都河南慰禮城, 以十臣爲輔翼, 國號十濟, 是前漢成帝鴻嘉三年也, 沸流以弥鄒土濕水鹹, 不得安居, 歸見慰禮, 都邑鼎定, 人民安泰, 遂慚悔而死."라고 되어 있다.

²⁴¹ 今仁川府南十里 …… 俗傳彌鄒王墓云: 여기서 《여지지輿地志》는 1656년(효종 7) 유형원柳馨遠이 편찬한 《동국여지지東國輿地志》 9권 10책을 가리키는데, 《동국문헌비고》에서는 이 책을 자주 인용하고 있으나 《여지지輿地志》와 원문 대조 결과 완전히 일치하지는 않는다. 다만 이 내용은 《동국문헌비고》권2, 여지고·역대국계 〈비류국〉 조에 그대로 보인다.

²⁴² 今仁川府南有山 …… 故名彌鄒城:《여지지輿地志》에는 이 내용이 보이지 않고, 다만 《동국문헌비고》권2, 여지고·역대국계 〈비류국〉 조에 이 내용이 그대로 보인다.

²⁴³ 新羅者 …… 遂王其國:《북사》권94, 〈열전〉 제82에 보인다. 원문은 "新羅者, 其先本辰韓種也. 地在高麗東南, 居漢時樂浪地. …… 其王本百濟人, 自海逃入新羅, 遂王其國."이라 하여 축약 인용하였다.

²⁴⁴ 新羅始祖 …… 辰言王也:《삼국사기》, 〈신라본기〉 권1에 보인다. 원문은 "新羅始祖, 姓朴氏, 諱赫居世, 漢宣帝五鳳元年四月丙辰卽位, 號居西干, 時年十三. 先是朝鮮遺民, 分居山谷間, 爲六村, 是爲辰韓六部. 高墟村長蘇伐公望楊山麓蘿井旁林間有馬跪而嘶, 則往觀之, 忽不見馬, 只有大卵. 剖之, 有嬰兒出焉, 取而養之. 及年十餘歲, 岐嶷然夙成. 六部人以其生神異, 推尊之, 至是立以爲君. 辰人謂瓠爲朴, 以初大卵如瓠, 故以朴爲姓, 居西干辰言王也."라고 되어 있다.

²⁴⁵ 新羅國號徐耶伐 …… 或云斯盧:《동국문헌비고》권2 여지고 역대국계 〈신라

국〉조에 보인다. 원문은 "《三國史》, 新羅國號徐耶伐, 或云斯羅, 或云斯盧, 或
云新羅."라고 되어 있다..

246 慶州本新羅古都:《동경잡기》권1, 〈경주지계慶州地界〉조에 보인다.

247 一日閼川楊山村 …… 是爲辰韓六部:《삼국사기》,〈신라본기〉권1에 보인다.

248 新羅國號徐耶伐 …… 轉爲徐菀:《동국문헌비고》권2 여지고 · 역대국계〈신
라국〉조에 보인다. 원문은 "《輿地勝覽》, 後人稱凡京都亦曰徐伐, 後轉爲徐菀."
이라고 되어 있다.

249 神文王時 …… 萬萬波波息笛:《동경잡기》권2〈고적〉'만파식적萬波息笛'조에
보인다. 원문은 "神文王時, 東海中有小山, 浮來, 向感恩寺, 隨波往來. 王異之,
泛海, 入其山, 上有竹一竿. 命作笛吹此笛, 則兵退病愈, 早雨雨晴, 風定波平, 號
萬波息笛. 歷代傳寶, 至孝昭王, 加號'萬萬波派息笛' 今亡."이라고 되어 있다.

250 新羅始祖姓朴氏 …… 味鄒尼斯今姓金氏:《삼국사기》, 신라본기〈시조혁거
세거서간 · 탈해이사금 · 미추이사금〉조에 각각 보인다.

251 新羅享國幾一千年 …… 號稱新羅聖代:《지봉유설》권2 제국부〈본국〉조에
보인다. "新羅享國幾一千年, 至其中葉, 統合三韓, 時和歲豊, 人謂聖代, 諺稱
新羅聖代者此也."

252 鴈鴨池 …… 其西有臨海殿舊址:《신증동국여지승람》권21,〈경상도 경주부〉
조에 보인다.

253 新羅金庾信宗女財買夫人死 …… 名松花房:《동경잡기》권2 고적〈재매곡財
買谷〉조에 보인다. 원문은 "新羅金庾信宗女財買夫人死, 葬於靑淵上谷, 因名
之. 每春月, 同宗士女, 會宴於其谷之南澗, 于時, 百卉敷榮, 松花滿, 洞府谷口,
架築爲庵, 因名'松花房'."이라고 되어 있다.

254 慶州北方虛缺 …… 謂之東京狗:《동경잡기》권2 풍속,〈여자북계女子北髻〉조
에 보인다. 원문은 "羅時以國都北方虛缺, 女子結髻於腦後, 因名北髻, 至今猶
然. 狗之短尾者, 世謂之'東京狗', 亦以北方虛故也."라고 되어 있다.

255 書出池 …… 不敢動作爲愼日:《신증동국여지승람》권21,〈경상도 경주부〉
조에 보인다.

256 怛怛復忉忉 …… 揚且之晳難偕老:《점필재집佔畢齋集》권3에 보인다. 원 시

는 "怛怛復怛怛, 大家幾不保. 流蘇帳裏玄鶴倒, 揚且之晢難偕老. 怛怛怛怛. 神物不告知奈何. 神物告兮基圖大"라고 되어 있다.

257 金鰲山 …… 千里萬里之洪濤:《신증동국여지승람》권21, 〈경상도 경주부 산천〉조에 보인다. 원문은 "山之下兮 千里萬里之洪濤" 다음에 "傍邊一點鷄林碧, 鰲山孕秀生奇特."이라는 구절이 더 있다.

258 脫解尼斯今九年春三月 …… 因以爲國號:《삼국사기》권1, 신라본기 〈탈해이사금 9년〉조에 보인다. 원문은 "脫解尼斯今九年春三月, 王聞金城西始林樹間有鷄鳴聲, 遲明, 遣瓠公視之, 金色小櫝掛樹枝, 白鷄鳴其下. 瓠公還以告, 王使人取櫝開之, 有小男兒在其中, 姿容奇偉. 王喜謂左右曰, '此豈非天遺我令胤乎,' 乃收養之. 及長, 聰明多智, 乃名閼智. 以其出於金櫝, 姓金氏, 改始林名鷄林, 因以爲國號."라고 되어 있다.

259 伽倻山 …… 一名牛頭山:《신증동국여지승람》권30, 〈경상도 합천군 산천〉조에 보인다. 원문은 "伽倻山, 一名牛頭山, 在冶爐縣北三十里"라고 되어 있다.

260 崔致遠 …… 偃仰終老:《삼국사기》권46 열전, 〈최치원전〉의 내용을 전체적으로 축약하여 발췌 인용하였다.

261 上書莊 …… 後人名其所居曰上書莊:《신증동국여지승람》권21, 〈경상도 경주부 고적〉조에 보인다. 원문은 "上書莊在金鰲山北. 高麗太祖之興, 新羅崔致遠知必受命, 上書有鷄林黃葉鵠嶺靑松之語. …… 其鑑識之明, 羅人服之, 乃以其所居, 名上書莊."이라고 되어 있다.

262 金生 …… 二人不信之:《삼국사기》권48 열전, 〈김생〉조에 보인다. 원문은 "金生, …… 自幼能書. 平生不攻他藝, 年踰八十, 猶操筆不休, 隸書行艸, 皆入神. …… 崇寧中學士洪灌, 隨進奉使入宋, 館於汴京時, 翰林待詔楊球·李革, 奉勅至館, 書圖簇. 洪灌以金生行艸一卷示之, 二人大駭曰, '不圖今日得見右軍手書.' 洪灌曰, '非是此乃新羅人金生所書也,' 二人, …… 不信之."이라고 되어 있다.

263 趙子昂昌林寺碑跋云 …… 信然:《신증동국여지승람》권21, 〈경상도 경주부 고적〉조에 '창림사'에 대한 설명이 보인다. 또,《흠정사고전서欽定四庫全書》사부史部에 실린《조선사략朝鮮史略》의 소성왕昭聖王 정원貞元 15년조 기록에

도 "趙孟頫, 跋金生昌林寺碑曰, '字劃深有典刑, 雖唐人名刻, 未能遠過之'"라고 전한다.

264 昌林寺 …… 有古碑無字:《신증동국여지승람》권21, 〈경상도 경주부 고적〉조에 '창림사'에 대한 설명이 보인다.

265 率居善畫 …… 皆其筆也:《삼국사기》권48, 열전 〈솔거〉의 내용을 전체적으로 압축하여 발췌 인용하였다.

266 蚊川 …… 有蚊川祓禊詩:《신증동국여지승람》권21, 〈경상도 경주부 산천〉조의 설명에서 요약 인용하였다.

267 鮑石亭 …… 遺跡宛然:《신증동국여지승람》권21, 〈경상도 경주부 고적〉조의 설명에서 요약 인용하였다.

268 甄萱猝入新羅王都時 …… 皆陷沒:《삼국유사》권50 열전 〈견훤〉에서 요약 인용하였다.

269 新羅宣德王薨 …… 皆呼萬歲:《삼국사기》권10 신라본기 〈원성왕元聖王〉즉위년 조의 기사를 요약 인용하였다.

270 周元懼禍 …… 爲食邑: 여기서《여지지輿地志》는 1656년(효종 7) 유형원柳馨遠이 편찬한《동국여지지東國輿地志》9권 10책을 가리키는데,《동국문헌비고》에서는 이 책을 자주 인용하고 있으나《여지지輿地志》와 원문대조 결과 완전히 일치하지는 않는다. 이 내용은《동국문헌비고》권2, 여지고 · 역대국계 〈명주국溟州國〉조에도 그대로 보인다.

271 溟州, 今江陵府:《동국문헌비고》권5, 여지고 · 역대국계 〈명주부〉의 연혁에 "本朝, 江陵府."라고 되어 있다.

272 新羅斯多含 …… 論骨品:《삼국사기》권44 열전 〈사다함/설계두〉조에 각각 보인다.

273 슈狐澄 …… 餘貴族謂之第二骨:《삼국사기》권5 신라본기 〈진덕여왕〉8년 조에 보인다.

274 新羅之制 …… 雄雉九首:《동국문헌비고》, 재용고財用考 〈국용國用〉에 보인다.《동사강목》권4, 〈신유년 신라 태종 8년, 문무왕 원년(661)〉조 6월 기사에 "신라 왕 춘추春秋가 훙薨하고 태자 법민法敏이 즉위하였다. 신라의 제도에,

왕에게 하루 반미飯米 서 말과 수꿩 아홉 마리를 바쳤는데, 왕이 백제를 멸하고는 주선晝膳(점심)을 없앴다."라는 기록이 보인다.

275 高句麗俗樂部 …… 納生焉:《고려사高麗史》권71 악지樂志,〈명주溟州〉에 보인다.

276 新羅王弟 …… 當屬新羅樂:《여암전서旅菴全書》권6, 강계고〈명주국溟州國〉조에 보인다. 원문은 "新羅王弟無月郎, …… 二子, 長曰周元, …… 次曰敬信. …… 母溟州人, 始居蓮花峯下號蓮花夫人. 及周元封於溟州, 夫人養於周元. 溟州曲, 卽蓮花夫人事. 書生, 指無月郎也. 且溟州, 乃新羅時置, 非高句麗時名, 則溟州曲, 當屬新羅樂府也."라고 되어 있다.

277 加羅國三韓種也 …… 授輔國將軍本國王:《남제서南齊書》권58 열전,〈남이南夷〉조에 보인다. 원문은 "加羅國三韓種也, 建元元年, 國王荷知, 使來獻, 詔曰, '量廣始登遠夷洽化.' 加羅王荷知, 款關海外奉贄, 東遐可授輔國將軍本國王."이라고 되어 있다.

278 新羅附庸於迦羅國:《북사北史》권94, 열전〈신라新羅〉조에 보인다.

279 伽倻或云加羅:《삼국사기》권44, 열전〈이사부異斯夫〉조에 보인다.

280 後漢光武建武十八年三月 …… 東以伽倻山爲境:《삼국유사》, 기이〈가락국기駕洛國記〉조에서 요약 인용하였다.

281 五伽倻 …… 首露王宮遺址在府內:《신증동국여지승람》권32,〈경상도 김해도호부〉조에 보인다.

282 首露王墓 …… 府人竝祭以正五八月:《여지지輿地志》에는 위의 내용이 보이지 않고, 다만《신증동국여지승람》권32,〈경상도 · 김해도호부〉조에 다음의 글이 있어 참조할 만하다. "龜旨峯, 在金海府北三里. 首露王宮遺址在府內, 首露王墓在府西三百步, 墓傍有廟, 龜旨山有王妃墓, 府人竝祭正五八月."

283 壬辰倭賊 …… 卽銷:《지봉유설芝峯類說》권19,〈궁실부宮室部〉조에 보인다.

284 駕洛或作伽落 …… 後改爲金官:《동국문헌비고東國文獻備考》권2, 여지고 · 역대국계〈금관국〉조에 보인다. 원문은 "初號駕洛, 或作伽落, 又稱伽倻, 後改爲金官. 駕洛國記, 亦稱衝有."라고 되어 있다.

285 婆娑石塔 …… 以鎭風濤:《신증동국여지승람》권32,〈경상도 김해도호부〉

조에 보인다.

286 虎溪 …… 南流入江倉浦:《신증동국여지승람》권32, 〈경상도 김해도호부〉
조에 보인다.

287 東漢建武二十四年 …… 旗出邊:《삼국유사》, 기이 〈가락국기駕洛國記〉 조에
서 요약 인용하였다.

288 許皇后 …… 號普州太后:《신증동국여지승람》권32, 〈경상도 김해도호부〉
조에 보인다.

289 眞興王二十三年 …… 一時盡降:《삼국사기》권4, 〈신라본기〉 조에 보인다.

290 大伽倻 …… 號御井:《동국문헌비고》권2, 여지고·역대국계 〈대가야국〉 조
에 보인다. 원문은 "大伽倻, 今高麗縣. 縣南一里, 有宮闕遺址, 傍有石井, 俗傳
御井縣."이라고 되어 있다.

291 大伽倻始祖 …… 凡十六世:《동국문헌비고》권2, 여지고·역대국계 〈대가야
국〉 조에 보인다. 원문은 "大伽倻自始祖伊珍阿鼓王, 一云內珍朱智, 至道設智
王, 凡十六世, 五百二十年."이라고 되어 있다.

292 伽倻國嘉悉王樂師于勒 …… 世傳勒率工人肄琴處:《신증동국여지승람》권
29, 〈경상도 고령현〉조에 보인다.

293 伽倻國王制十二絃琴 …… 卽是:《지봉유설》권18, 기예부技藝部 〈음악音樂〉
조에 보인다. 원문은 "新羅時伽倻國王, 法唐樂府箏, 製十二絃琴, 名曰伽倻,
蓋今所謂伽倻琴, 卽是."라고 되어 있다.

294 高靈縣西二里 …… 俗稱錦林王陵:《신증동국여지승람》권29, 〈경상도 고령
현〉조에 보인다.

295 新羅助賁尼斯今二年 …… 以其地爲郡:《삼국사기》권2, 〈신라본기新羅本紀〉
조에 보인다. "二年, 秋七月, 以伊飡于老爲大將軍, 討破甘文國, 以其地爲郡."

296 甘文 …… 甘文國遺址尙存:《여지지輿地志》에는 위의 내용이 보이지 않고,
다만 이 부분은《동국문헌비고東國文獻備考》권2, 여지고·역대국계 〈감문국甘
文國〉 조와《동사강목東史綱目》제2 상, 〈신해년 신라 조분왕 2년 추7월〉 조에
도 보인다.

297 獐陵 …… 俗稱甘文國獐夫人陵:《신증동국여지승람》권29, 〈경상도 개령현〉

204

조에 보인다.

298 開寧縣北二十里 …… 俗傳甘文金孝王陵:《신증동국여지승람》권29,〈경상도 개령현〉조에 보인다.

299 甘文國大發兵三十: 여기서《동사東史》는 확실하지 않은데, 다만 이 부분은《동국문헌비고東國文獻備考》권2, 여지고 · 역대국계〈감문국甘文國〉조에도 보인다.

300 甘文盖國之至小者也:《동국문헌비고》권2, 여지고 · 역대국계〈감문국〉조에 보인다.

301 新羅智證麻立干十三年 …… 或名鬱陵島:《삼국사기》권4,〈신라본기 · 지증마립간智證麻立干〉조에 보인다. 원문은 "新羅智證麻立干十三年, 夏六月, 于山國歸服, 歲以土宜爲貢. 于山國, 在溟州正東海島, 或名鬱陵島."라고 되어 있다.

302 鬱陵島 …… 桃核大如升:《신증동국여지승람》권45,〈강원도 울진현 산천〉조에 보인다. 원문은 "鬱陵島, 一云武陵, 一云羽陵, 在蔚珍縣正東海中. …… 地方百里, …… 土地饒沃, 竹大如杠, 鼠大如猫, 桃核大於升."이라고 되어 있다.

303 鬱陵島 …… 相遞入焉:《동국문헌비고》권18, 여지고〈관방關防 · 울진蔚珍〉조에 보인다. 원문은 "鬱島物産柴胡 · 藁本 · 石楠 · 藤草 · 諸香木, 蘆竹多合抱者, 蘆實桃核, 大可爲杯升. …… 本朝 …… 刷出逃民, …… 時廟堂諸議, 以爭一空曠之其地, …… 每三年一送人觀其島. 官給斧子十五, 伐其竹若木, 又採土物若干, 納于朝以爲信. 三陟營將越松萬戶, 相遞入焉."이라고 되어 있다.

304 鬱陵島 …… 名可之:《동국문헌비고》권18, 여지고〈관방關防 · 울진蔚珍〉조에 보인다. 원문은 "海中有大獸, 牛形, 赤眸無角. 群臥海岸, 見人獨行, 害之, 遇人多, 走入水. 名可之."라고 되어 있다.

305 異斯夫 …… 恐懼而降:《삼국사기》권4, 신라본기〈지증마립간智證麻立干〉과 권44, 열전〈이사부〉조에 보인다. 원문은 "伊飡異斯夫, 爲何瑟羅州軍主, 謀并于山國, 謂于山人愚悍, 難以威來, 可以計服, 乃多造木偶師子, 分載戰船, 抵其國海岸, 詐告曰, '汝若不服, 則放此猛獸踏殺之', 國人恐懼, 則降.", "爲阿瑟羅州軍主, 謀并于山國, 謂其國人愚悍, 難以威降, 可以計服, 乃多造木偶師子, 分載戰舡, 抵其國海岸, 詐告曰, '汝若不服, 則放此猛獸, 踏殺之', 其人恐懼則降."이라고 되어 있다.

306 百濟南海行 …… 附庸於百濟:《북사北史》 권94, 열전列傳 〈사이四夷 백제百濟〉
조에 보인다. 원문은 "其南, 海行三月有耽牟羅國, 南北千餘里, 東西數百
里, 土多麞鹿. 附庸於百濟."라고 되어 있다.

307 龍朔初 …… 後附新羅:《신당서新唐書》 권220, 열전 〈동이東夷 고려高麗〉 조
에 보인다. 원문은 "龍朔初, 有儋羅者, 其王儒李都羅, 遣使入朝. 國居新羅
武州南島上, 俗樸陋, 衣大豕皮, 夏居革屋, 冬窟室. 地生五穀, 耕不知用
牛, 以鐵齒杷土. 初附百濟. 麟德中, 酋長來朝, 從帝至太山. 後附新羅."라고
되어 있다.

308 厥初 …… 後改良爲梁:《증보문헌비고》 권51, 부록 · 씨족 〈제주고씨濟州高氏
〉에 유사한 기사가 보이는데,《영주지瀛州志》를 인용하였다고 되어 있다.

309 濟州本耽羅國 …… 又耽牟羅:《신증동국여지승람》 권38, 〈전라도 제주목 건
치연혁〉조에 보인다.

310 今康津縣, 新羅耽津:《동국문헌비고》 권10, 여지고 〈군현연혁〉에 도표로 보
인다.

311 濟州牧鎮山北麓 …… 即三乙那湧出處也:《신증동국여지승람》 권38, 〈전라
도 제주목 건치연혁〉 주석註釋에 보인다. "《高麗史》 古記云, '厥初無人物, 三
神人, 從地湧出, 今鎮山北麓, 有穴曰, '毛興', 是其地也." 한편《고려사》 권57,
〈지리 · 나주목羅州牧 · 탐라현耽羅縣〉조에는 다음과 같이 되어 있다. "其古記
云, 太初無人物, 三神人從地聳出[其主山北麓, 有穴曰, '毛興', 是其地也]."

312 甄萱 …… 食邑二千五百戶:《삼국사기》 권50, 열전 〈견훤〉에 보인다. 원문은
"甄萱, 尙州加恩縣人也. …… 體貌雄奇, 志氣倜儻不凡. 從軍入王京, 赴西南
海防戍, 枕戈待敵, 其勇氣恒爲士卒先, 以勞爲裨將. 唐昭宗景福元年, 是新羅
眞聖王在位六年. 嬖竪在側, 竊弄政柄, 綱紀紊弛, 加之以饑饉, 百姓流移, 羣盜
蜂起. 於是萱竊有叛心, 嘯聚徒侶, 行擊京西南州縣, 所至響應, 旬月之間, 衆至
五千人, 遂襲武珍州自王, 猶不敢公然稱王. …… '今予敢不立都於完山, 以雪
義慈宿憤乎?' 遂自稱後百濟王. …… 遣使入後唐, 稱藩, 唐策授檢校大尉兼侍
中判百濟軍事依前持節都督全武公等州軍事行全州刺史海東四面都統指揮兵
馬制置等事百濟王, 食邑二千五百戶."라고 되어 있다.

313 古土城 …… 甄萱所築:《신증동국여지승람》 권33, 〈전라도 전주부 고적〉조
에 보인다. "古土城, 在全州府北五里, 有基址, 甄萱所築."

314 甄萱 …… 卒於黃山佛舍:《삼국사기》 권50, 열전 〈견훤〉에 보인다. 원문은
'甄萱多娶妻, 有子十餘人, 第四子金剛, 身長而多智, 萱特愛之, 意欲傳其位, 其
兄神劍良劍龍劍等知之憂悶, 時, 良劍爲康州都督, 龍劍爲武州都督, 獨神劍在
側, 伊飱能奐, 使人往康武二州, 與良劍等陰謀, 至淸泰二年, 春三月, 與波珍飱
新德英順等勸神劍, 幽萱於金山佛宇, 遣人殺金剛, 神劍自稱大王, …… 萱在金
山三朔, 六月, 與季男能乂女子哀福嬖妾姑比等逃奔高麗錦城, 遣人, 請見於太
祖, 太祖喜, 遣將軍黔弼萬歲等, 由水路勞來之, 及至, 待以厚禮, 以萱十年之
長, 尊爲尙父, …… 甄萱憂懣發疽, 數日卒於黃山佛舍.'라고 되어 있다.

315 靑山隱約夫餘國, 紅葉繽粉百濟城:《포은선생문집圃隱先生文集》 권2, 〈등전주
망경대登全州望景臺〉에 보인다. 유득공은 '紅葉'으로 인용하였으나《포은선생
문집》에는 '黃葉'으로 되어 있다. 전체 시문은 다음과 같다. "千仞岡頭石徑橫,
登臨使我不勝情. 靑山隱約夫餘國, 黃葉繽紛百濟城. 九月高風愁客子, 百年豪
氣誤書生. 天涯日沒浮雲合, 怊悵無由望玉京."

316 甄萱 …… 太祖笑而許之:《고려사》 권1, 세가 〈태조 7년갑신〉 924·9년병
술, 926의 기사에 각각 보인다. 원문은 "八月, 甄萱遣使來獻絕影島驄馬一匹.
…… 後萱聞讖云, '絕影名馬至, 百濟亡.' 乃至是悔之, 使人請還其馬, 王笑而
許之."라고 되어 있다.

317 唐天祐初 …… 入貢于吳:《자치통감資治通鑑》 권270, 〈후량기後梁紀〉에 보인
다. 원문은 "初, 唐滅高麗, 天祐初, 高麗石窟寺眇僧躬乂, 聚衆據開州, 稱王
號大封國, 至是, 遣佐良尉金立奇, 入貢于吳."라고 되어 있다.

318 弓裔新羅人 …… 梵唄隨後:《삼국사기》 권50, 열전 〈궁예〉 조에 보인다. 원
문은 "弓裔, 新羅人. 姓金氏, 考第四十七憲安王誼靖, 母憲安王嬪御, 失其姓
名. 或云, '四十八景文王膺廉之子.' …… 祝髮爲僧, 自號善宗. …… 軒輊有膽
氣 …… 見新羅衰季, 政荒民散. 王畿外州縣, 叛附相半, 遠近群盜, 蜂起蟻聚.
…… 善宗投北原賊梁吉軍中, 吉善遇之委任以事, 遂分兵使東略地, 於是出宿
雉岳山石南寺, 行襲酒泉·奈城·鬱烏·御珍等縣皆降之. …… 於是, 遂擊破

猪足·牲川·夫若·金城·鐵圓等城, 軍聲甚盛, 現西賊寇, 來降者衆多. ……
天復元年辛酉, 善宗自稱王, 天祐元年甲子, 立國號爲摩震, 年號爲武泰. ……
秋七月, 移青州人戶一千, 入鐵圓城爲京, 伐取尙州等三十餘州縣, 公州將軍弘
奇來降. …… 改武泰爲聖冊元年. 分定浿西十三鎭, …… 朱梁乾化元年辛未,
改聖冊爲水德萬歲元年, 改國號爲泰封. …… 善宗自稱彌勒佛, 頭戴金幘, 身被
方袍. 以長子爲靑光菩薩, 季子爲神光菩薩. 出則常騎白馬, 以綵飾其鬃尾, 使
童男童女奉幡蓋·香花前導, 又命比丘二百餘人, 梵唄隨後."라고 되어 있다.

319 楓川原 …… 宮殿遺址宛然: 《신증동국여지승람》 권47, 〈강원도 철원도호부
고적〉 조에 보인다. 원문은 "楓川原, 弓裔所都, 在鐵原府北二十七里. …… 宮
殿遺址宛然猶存."이라고 되어 있다.

320 弓王故闕 …… 知不知不: 이 구절은 정철鄭澈의 《송강가사松江歌辭》에 실린
〈관동별곡關東別曲〉 중 "弓王 大闕터희 烏鵲이 지지괴니 千古 興亡을 아는다
몰ㅇ는다."부분을 한역한 것이다.

321 唐商客王昌瑾 …… 乃詭辭告之: 《고려사》 권1, 세가 〈태조〉에 보인다. 원문
은 "唐商客王昌瑾, 忽於市中, 見一人, 狀貌瓌偉, 鬚髮皓白, 頭戴古冠, 被居士
服, 左手持三隻椀, 右手擎一面古鏡, 方一尺許. 謂昌瑾曰, '能買我鏡乎.' ……
含弘等曰, '三水中四維下, 上宰降子於辰馬者, 辰韓·馬韓也. 巳年中二龍見,
一則藏身靑木中, 一則現影黑金東者, 靑木, 松也, 謂松嶽郡, 人以龍爲名者之
子孫, 可以爲君主也. 王侍中, 有王侯之相, 豈謂是歟. 黑金, 鐵也, 今所都鐵圓
之謂也. 今主初盛於此, 殆終滅於此乎. 先操雞, 後搏鴨者, 王侍中御國之後, 先
得雞林, 後收鴨綠之意也.' 三人相謂曰, '王猜忌嗜殺, 若告以實, 王侍中必遇
害, 吾輩亦且不免矣.'乃詭辭告之."라고 되어 있다.

322 弓裔 …… 眇一目: 《삼국사기》 권50, 열전 〈궁예〉 조에 보인다. 원문은 "弓
裔, …… 以五月五日, 生於外家. 其時, 屋上有素光, 若長虹, 上屬天. 日官奏
曰, '此兒以重午日生, 生而有齒, 且光焰異常, 恐將來不利於國家, 宜勿養之.'
王勅中使, 抵其家殺之. 使者取於襁褓中, 投之樓下. 乳婢竊捧之, 誤以手觸, 眇
其一目."이라고 되어 있다.

323 後唐明宗長興三年 …… 封高麗國王: 구양수歐陽修, 《신오대사》 권74, 사이四

208

夷 〈고려〉 조에 보인다.

324 太祖神聖大王 …… 定都于松岳之陽:《고려사》권1, 세가 〈태조〉 조에 보인다. 원문은 "太祖應運元明光烈大定睿德章孝威穆神聖大王, 姓王氏, 諱建, 字若天, 松嶽郡人. …… 時新羅政衰, 群賊競起. 甄萱, 叛據南州, 稱後百濟. 弓裔, 據高勾麗之地, 都鐵圓, 國號泰封. …… 乾化三年癸酉, 以太祖屢著邊功, 累階爲波珍粲兼侍中以召之. …… 至六月乙卯, 騎將洪儒 · 裴玄慶 · 申崇謙 · 卜智謙等, 密謀, 夜詣太祖第, 共言推戴之意. …… 元年夏六月丙辰, 卽位于布政殿, 國號高麗, 改元天授. …… 二年, 春正月, 定都于松嶽之陽."이라고 되어 있다.

325 開城府, 古高麗國都:《동국문헌비고東國文獻備考》권2, 여지고 · 역대국계 〈고려국〉 조에 보인다. "高麗史, 太祖二年, 定都于松岳之陽. 光宗十一年, 改開京爲皇都, 成宗十四年, 爲開城府."

326 高麗太祖以下 …… 鳳鳴山諸處:《동국문헌비고東國文獻備考》권32, 예고禮考 · 산릉山陵 〈고려〉 조에 보이며 전문은 다음과 같다. "太祖顯陵, 在開城府松岳山西巴只洞南. 惠宗順陵, 在開城府炭峴門外景德寺北, 俗稱皺王陵. 定宗安陵, 在開城府南小門外. 光宗憲陵, 在開城府松岳山北麓狄踰峴. 景宗榮陵, 在開城府進鳳山下. 成宗康陵, 在開城府南郊. 穆宗義陵, 在開城府城東. 顯宗宣陵, 在開城府松岳山西麓. 德宗肅陵 · 靖宗周陵, 在具開城府北郊. 文宗景陵, 在開城府佛目寺南麓. 順宗成陵, 在開城府進鳳山南塽暘峴. 宣宗仁陵 · 獻宗隱陵, 具在開城府城東. 肅宗英陵, 在京畿長湍府松林縣佛頂原. 睿宗裕陵, 在開城府城南. 仁宗長陵, 在開城府城西碧串洞. 毅宗禧陵, 在開城府城東. 明宗智陵, 在長湍府. 神宗陽陵, 在開城府城南. 熙宗碩陵, 在江華府南二十一里. 康宗厚陵, 在開城府. 高宗弘陵, 在江華府西六里. 元宗韶陵, 在開城府北十五里. 忠烈王慶陵 · 忠宣王德陵, 具在開城府西十二里. 忠肅王毅陵, 具在開城府. 忠穆王明陵, 在開城府城南. 忠定王聰陵, 在開城府西十二里. 恭愍王玄陵, 在開城府西鳳鳴山. 恭讓王陵, 在京畿高陽郡見達山."

327 進鳳山 …… 世稱進鳳躑躅:《신증동국여지승람》권4, 〈개성부 형승形勝〉 조에 보인다.

328 忠烈王后齊國大長公主 …… 尙公主:《고려사》권89, 후비后妃〈제국대장공
주〉조에 보인다.

329 忠烈王嗣位 …… 祛以白羊脂:《고려사》권89, 후비后妃〈제국대장공주齊國大
長公主〉에 보인다. 원문은 "元宗薨, 王嗣位東還, …… 王與公主同輦入京, 父老
相慶曰, '不圖百年鋒鏑之餘, 復見大平之期.' 時, 帝令脫忽送公主, 脫忽先至,
張穹廬, 祛以白羊膏."라고 되어 있다.

330 公主生子 …… 下殿大哭:《고려사》권89, 후비〈제국대장공주齊國大長公主〉
조에 이와 관련된 내용이 자세히 보인다. 원문은 "九月生元子于離宮. …… 貞
和宮主宴賀生男, 宮人小尼者, 布席于東廂, 王曰, '不如正寢.' 小尼不告公主,
就正寢, 置平牀, 爲公主坐. 式篤兒曰, '平床之坐, 欲使同於宮主也.' 公主大
怒, 遽令移席西廂. 盖以西廂舊有高榻也. 及宮主行酒, 王顧見公主, 公主曰,
'何白眼視我耶? 豈以宮主跪於我乎?' 遂命罷宴, 下殿大哭."이라고 되어 있다.

331 忠烈王二十二年五月 …… 年三十九:《고려사》권89, 후비〈제국대장공주〉에
보인다. 원문은 "二十二年, 王與公主如元 …… 是年, 五月還國時) 壽寧宮, 芍
藥盛開. 公主命折一枝, 把玩良久, 感泣. 尋得疾, 薨于賢聖寺. 壽三十九."라고
되어 있다.

332 高麗王昛子謜 …… 進爵瀋陽王:《원사》권208,〈외이전外夷傳·고려〉조에
보인다. 원문은 "高麗王昛子謜, 復襲王位. 成宗初年, 尙布達實哩公主. 十一
年, 進爵瀋陽王."이라고 되어 있다.

333 至元二十年, 立征東行中書省於高麗:《원사元史》권208, 외이전外夷傳〈고려〉
조에 보인다.

334 忠宣王 …… 咸遊王門:《고려사》권34, 세가〈충선왕〉조에 보인다.

335 山呼亭 …… 賦者多至百人:《동국이상국집》권3〈제군諸君이 지은 '산호정
모란' 시에 차운하다[次韻諸君所賦山呼亭牡丹]〉에 보인다. 원문은 "內殿山呼亭,
有牡丹盛開, 賦之者多矣. 幾至百首. 一時名士大夫皆賦之."라고 되어 있다.

336 山呼亭, 在延慶宮内:《신증동국여지승람》권5,〈개성부〉조에 보인다.

337 松岳 …… 又神嵩:《신증동국여지승람》권4,〈개성부 군명郡名〉조에 보인다.

338 惠: 저본에는 "宣"으로 되어 있으나,《고려사》에 의거하여 "惠"로 교정하였다.

339 金: 저본에는 "陳無作"으로 되어 있으나, 《고려사》를 대조하여 "金"을 보충하였다.

340 忠惠王時 …… 王悅: 《고려사》 권36, 세가 〈충혜왕〉에 보인다. 원문은 "戊戌夜松岳鳴, 王怪而問之, 陳無作金對曰, '無傷也. 古詩, 有嵩岳三呼繞殿靑之句.' 王悅, 賜布授郞將."이라고 되어 있다.

341 神宗初 …… 聞者譏之: 《고려사》 권101, 열전 〈차약송〉에 보인다. 원문은 "神宗初, 參知政事若松與奇洪壽, 同入中書省, 上訖, 若松問於洪壽曰, '孔雀好在乎?' 答曰, '食魚鯁咽而死.' 因問養牧丹之術, 若松具道之, 聞者曰, '宰相之職, 在論道經邦, 但論花鳥, 何以儀表百寮?'"라고 되어 있다.

342 禮成江 …… 最險狹: 《송사》 권487, 열전 〈외국 고려〉에 보인다. 원문은 "禮成江. 江居兩山間, 束以石峽, 湍激而下, 所謂急水門, 最爲險惡."이라고 되어 있다.

343 急水門 …… 宛如巫峽: 급수문에 대한 기록은 《대명일통지大明一統志》에 보이지 않고, 앞의 《신증동국여지승람》 권4, 〈개성부 산천〉 조에 보인다. 급수문에 대한 중국 기록은 송나라 서긍徐兢의 《선화봉사고려도경宣和奉使高麗圖經》 권39, 〈해도海道〉에 나오는데, "急水門, 不類海島, 宛如巫峽."이라고 되어 있다.

344 宋商, 集禮成江: 《고려사》 권21, 세가世家 〈희종熙宗〉 조에 보인다.

345 天壽院 …… 卽天壽寺故址: 《신증동국여지승람》 권4, 〈개성부 역원〉 조에 보인다.

346 康日用欲賦鷺鷥 …… 看之: 이 기록은 《고려사》에 보이지 않고, 《신증동국여지승람》 권4, 〈개성부 역원驛院〉 조에 실려 있다.

347 紫霞洞 …… 最爲絕勝: 《신증동국여지승람》 권4, 〈개성부 산천〉 조에 보인다.

348 高麗王顓 …… 以寵臣辛旽之子禑爲子: 《명사明史》 권320, 열전列傳 〈외국 조선朝鮮〉 조에 보인다.

349 辛禑小字牟尼奴, 旽婢妾般若之出也: 《고려사》 권133, 열전 〈신우辛禑〉 조에 보인다.

350 辛禑 …… 竝轡而行: 《고려사》 권136, 열전 〈신우辛禑〉 조에 보인다. 원문은 "禑, 使妓燕雙飛, 佩弓吹笛, 衣繡龍衣, 竝轡而行."이라고 되어 있다.

부록

- ⊙ 이섭일도 회고시 인용서목에 대하여
- ⊙ 이섭일도 회고시 판본에 대하여

이십일도 회고시 인용서목에 대하여

《가락국기駕洛國記》: 현재 전해지지 않으나, 일부 내용이 《삼국유사三國遺事》에 남아 있다. 내용은 수로왕의 탄생과 여섯 가야의 건국에 관한 기사, 2대 거등왕居登王부터 마지막 구형왕仇衡王까지의 왕력王曆 등으로 이루어져 있다.

《강계지彊界志》: 신경준申景濬이 편찬한 3권 3책의 《강계고彊界考》를 말한다. 책 표지에는 '강계지彊界誌', 서문의 책 제목은 '강계고'로 되어 있다. 권1에는 서문과 조선의 별호에 대한 해설에 이어 단군조선, 기자조선, 예濊, 맥貊, 동옥저東沃沮, 고구려, 부여, 비류沸流, 정안定安, 삼한의 국도國都와 강계彊界를 서술하였고, 권2에는 신라와 가야, 태봉, 후백제 그리고 고려의 국도와 강계를, 권3에서는 조선시대의 역사지리를 논하였다.

《고금군국지古今郡國志》: 중국 당나라 가탐賈耽의 《고금군국현도사이술古今郡國縣道四夷述》을 지칭하는 듯하나, 자세한 내용은 미상이다. 재상으로 13년간 국정을 다스리기도 했던 가탐(730~805)은 지리학을 좋아하여 외국사신이나 외국에 갔다 온 사람에게서 그곳 지리와 풍속에 대해 들으면서, 약 30년 동안 모은 지리·풍속에 관한 자료를 기초로 축척縮尺 약 180만분의 1의 《해내화이도海內華夷圖》와 《고금군국현도사이술》 40권을 저술하였다. 이는 중국 본토뿐만 아니라, 기타 지역도 포함하는 당시 세계지도·세계지지로서 믿을 만한 것이었다고 하나 유실되어 현재 전하지 않는다.

《고려사高麗史》: 조선 초기 김종서金宗瑞·정인지鄭麟趾 등이 세종의 교지를 받아 만든 고려에 관한 역사서이다. 총 139권으로 세가世家 46권, 지志 39권, 연표 2권, 열전 50권, 목록 2권으로 구성되어 있다.

《고려사악지高麗史樂志》: 《고려사》 가운데 권70·권71(지志의 권24·25)에 수록된 음악에 관한 기록을 말한다. 권24의 악일樂一에는 아악雅樂, 권25의 악이樂二에는 당악唐樂·속악俗樂·삼국속악三國俗樂 등에 대한 내용이 수록되어 있다.

《남사南史》: 중국 당나라 이연수李延壽가 편찬한 중국 남북조南北朝 시대의 남조南朝, 즉 남송南宋·제齊·양梁·진陳 등 네 왕조에 관한 역사서이다. 총 80권으로 본기本紀 10권, 열전列傳 70권으로 구성되었으나, 지志와 표表가 결여되어 지는 《수서隋書》의 지로 보완하고, 표는 청나라의 주가유周嘉猷가 《남북사표南北史表》 6권을 만들었다. 이 책에 수록된 《동이전東夷傳》은 고대 한국을 연구하는 데 중요한 참고자료가 된다.

《남제서南齊書》: 중국 남조南朝 양梁나라 때인 537년에 소자현蕭子顯이 편찬한 남조 제齊나라(479~502)에 관한 역사서이다. 자서自序 1권, 본기 8권, 지 11권, 열전 40권 등 총 60권이나, 자서 1권이 당나라 때 소실되어 현재 59권만 전한다. 《남제서》는 남제南齊에 관한 현존하는 기록 중 가장 이른 기전체紀傳體의 역사서이며, 원래는 《제서齊書》였으나, 송나라 때 이백약李百藥이 지은 《북제서北齊書》와 구별하여 《남제서》로 개칭되었다.

《당서唐書》: 중국 당나라 290년간의 역사를 기록한 책으로, 《구당서舊唐書》와 《신당서新唐書》가 있다. 오대五代 후진後晉 때 편찬된 《당서》는, 송나라 때 구양수歐陽脩·송기宋祁 등이 수정한 《신당서》가 편찬되면서 《구당서》로 불리게 되었다. 《구당서》 200권은 본기 20권, 지 30권, 열전 150권으로 이루어져 있으며, 《신당서》 225권은 본기 10권, 지 50권, 표 15권, 열전 150권으로 이루어져 있다.

《대명일통지大明一統志》: 1461년에 중국 명나라의 이현李賢 등이 《대원일통지大元一統志》를 본떠 편찬한 90권 60책의 지지地誌이다. 중국 전역全域과 조공국朝貢國의 지리에 대해, 각종 지도를 게재한 후, 풍속·산천 등 20항목으로 나누어 설명하고 있다.

《동경잡기東京雜記》: 1933년 최준崔浚이 간행한 14권 7책의 동경東京(慶州)에 대한 지지地誌이다. 편자 미상으로 전해온 《동경지》를, 1669년(현종 10) 민주면閔周冕이 증수하여 《동경잡기東京雜記》라는 이름으로 간행하였고, 1711년(숙종 37) 남지훈南至薰이 중간, 1845년(헌종 11) 성원묵成原默이 정정하여 다시 중간하였다. 1910년과 1913년에도 조선고서간행회朝鮮古書刊行會와 광문회光文會가 각각 활자본으로 중간한 것을, 1933년에 《동경통지》로 이름을 바꾸어서 발행하였다.

《동국문헌비고東國文獻備考》: 한국의 문물제도를 분류·정리한 백과전서적인 저서로, 총 100권 40책이다. 영조의 명으로 홍봉한洪鳳漢 등이 1769년(영조 45) 편찬에 착수, 1770년에 완성되었다. 체재는 중국 《문헌통고文獻通考》의 예에 따라 상위象緯·여지輿地·예禮·악樂·병兵·형刑·전부田賦·재용財用·호구戶口·시적市糴·선거選擧·학교學校·직관職官의 13고考로 나누어 수록하였다. 1782년(정조 6)에 《동국문헌비고東國文獻備考》를 보정補正하라는 왕명으로 이만운李萬運이 9년간에 걸쳐 《증보동국문헌비고增補東國文獻備考》를 완성하

였고, 그 후 이를 다시 증보, 고종 때 《증보문헌비고增補文獻備考》라
하여 250권으로 간행하였다.

《동국통감東國通鑑》: 1485년(성종 16)에 서거정徐居正 등이 왕명을
받아 신라 초부터 고려 말까지의 역사적 사실을 엮은 56권 28책의
역사서이다. 편년체로 단군조선으로부터 삼한까지는 외기外紀로 다
루고, 삼국의 건국부터 신라 문무왕 9년(669)까지를 삼국기, 669년에
서 고려 태조 18년(935)까지를 신라기, 935년부터 고려 말까지를 고
려기로 구분하여 서술했다. 범례는 《자치통감》을 따르고, 필삭筆削의
정신은 《자치통감강목》을 따라서 두 사서의 체제를 절충하였다.

《동사東史》: 《동사강목東史綱目》과 《동국문헌비고》에 《동사東史》의
기사가 여러 차례 인용되고 있고, 정약용丁若鏞은 《여유당전서與猶堂
全書》의 〈잡찬집雜纂集〉·〈여지고輿地考〉에서 《동사東史》를 홍만종洪萬
宗의 《동국역대총목東國歷代總目》이라고 보았다. 그러므로 유득공이
말한 《동사》는 《동국역대총목》일 가능성이 높다고 하겠다. 《동국역
대총목東國歷代總目》은 홍만종이 1705년(숙종 31) 《삼국유사》·《고려
사》·《국조보감國朝寶鑑》 등에서 자료를 뽑아, 단군에서부터 기자조
선·위만조선·삼한三韓·한사군漢四郡·신라·고구려·백제·고
려·조선 현종까지의 중요 사적事蹟을 편년체로 엮은 것이다.

《명사明史》: 중국 청淸나라 장정옥張廷玉 등이 칙령을 받아 편찬한 명明에 관한 기전체紀傳體 역사서이다. 《명사고明史稿》를 원본으로 하여 1679년에 시작 1735년에 완성하였는데, 목록 4권, 본기 24권, 지 75권, 표 13권, 열전 220권 등 총 336권이다.

《본기통람本紀通覽》: 《순암집順菴集》과 《청장관전서靑莊館全書》, 《오주연문장전산고五洲衍文長箋散稿》 등에 인용되어 있다. 정약용이 《여유당전서與猶堂全書》에서 《동사東史》, 《보감寶鑑》과 더불어 정사正史가 아니라고 밝히고 있으나, 그 내용에 대해서는 미상이다.

《부여현지扶餘縣志》: 미상. 현재 확인되는 《부여현지》로는 버클리대 소장본이 있지만, 《이십일도회고시》에 인용된 내용과 달랐다. 이외 부여에 관한 읍지서로 《부여지扶餘志》, 《부여현읍지扶餘縣邑志》, 《부여읍지扶餘邑志》 등이 있으나, 이들 역시 유득공이 인용한 내용과는 달랐다.

《북사北史》: 중국 당나라 이연수李延壽가 편찬한 북조北朝, 즉 위魏·북제北齊·주周·수隋 등 네 왕조에 관한 역사서이다. 본기 12권, 열전 88권 등 모두 100권이다. 《남사南史》에 비하여 서사敍事가 매우 자세하고, 열전 중에는 〈고구려전〉, 〈백제전〉, 〈신라전〉, 〈물길전勿吉傳〉, 〈거란전契丹傳〉 등이 있어 한국 역사 연구에 참고자료가 된다.

《사기史記》: 중국 전한前漢의 사마천司馬遷이 상고시대의 황제黃帝부터 한나라 무제 태초 연간(BC 104~101년)까지의 중국과 그 주변 민족의 역사를 포괄하여 저술한 통사이다. 역대 중국 정사의 모범이 된 기전체紀傳體의 효시로서, 제왕의 연대기인 본기 12편, 제후를 중심으로 한 세가世家 30편, 역대 제도 문물의 연혁에 관한 서書 8편, 연표인 표表 10편, 시대를 상징하는 뛰어난 개인의 활동을 다룬 전기 열전 70편 등 총 130편으로 구성되어 있다.

《삼국사기三國史記》: 고려시대 김부식金富軾 등이 1145년(인종 23) 국왕의 명령을 받아 기전체紀傳體로 편찬한 신라 · 고구려 · 백제 삼국에 관한 역사서이다. 구성은 본기 28권, 지 9권, 연표 3권, 열전 10권 등 총 50권으로 이루어졌다.

《삼국유사三國遺事》: 고려 충렬왕忠烈王 때의 보각국사普覺國師 일연一然이 삼국의 유사遺事를 모아서 지은 5권 2책의 역사서이다. 《삼국유사》에는 《삼국사기》에서 누락된 고대 사료史料를 수록하고 있으며, 역사 · 불교 · 설화 등에 관한 서적과 문집류, 사지寺誌 · 비갈碑碣 · 안첩按牒 등의 고문적古文籍에 이르는 많은 문헌이 인용되어 있다. 특히 여기에 수록되어 있는 향가는 한국고대국어연구와 국문학 연구에 귀중한 자료이다.

《삼국지三國志》: 중국 진晉나라 진수陳壽가 편찬한 위魏·촉蜀·오吳 3국에 관한 역사서로, 《사기史記》《한서漢書》《후한서後漢書》와 함께 중국 전사사前四史로 불린다. 위서魏書 30권, 촉서蜀書 15권, 오서吳書 20권으로 총 65권으로 되어 있으나 표表나 지志는 포함되지 않았다. 위나라를 정통 왕조로 보고 위서에만 〈제기帝紀〉를 세우고, 촉서와 오서는 〈열전〉의 체제를 취하여 후세의 사가史家들로부터 많은 비판의 대상이 되었다. 또한 《위서魏書》〈동이전東夷傳〉에는 부여·고구려·동옥저東沃沮·읍루挹婁·예濊·마한馬韓·진한辰韓·변한弁韓·왜인倭人 등의 전傳이 있어, 동북아 고대사를 연구하는 데 귀중한 사료가 된다.

《송경잡기松京雜記》: 《송도잡기松都雜記》인 듯하다. 1648년(인조 26) 개성유수 김육金堉이 《송도지松都誌》를 편찬할 때, 《송도잡기松都雜記》를 많이 참고하였다고 한다. 《송도잡기》는 장연군수長淵郡守를 역임한 조신준曹臣俊이 개성開城의 고사와 풍속을 모아 엮은 책이라고 하나 자세히 알 수 없다.

《송사宋史》: 중국 원元나라 때 타그타[脫脫] 등이 황제의 명을 받고 편찬한 송宋나라에 관한 역사서로, 본기 47권, 지 162권, 표 32권, 열전 255권 등 총 496권이다. 남송南宋이 멸망한 뒤 원나라가 수집한 국사나 실록實錄·일력日曆 등을 기초로 하여 1345년에 완성되었다.

편집 때 삭제된 부분도 많고, 원사료原史料는 거의 없어졌거나 분실되었다. 특히 남송南末 말의 부분은 다른 기본적 사료가 적기 때문에 사료적 가치가 매우 높다.

《수서隋書》: 중국 당나라 위징魏徵 등이 황제의 명을 받아 편찬한 수隋나라에 관한 역사서로, 제기帝紀 5권, 열전 50권, 지 30권 등 85권이다. 이 중 〈지〉부분은 남조南朝의 양梁 · 진陳, 북조北朝의 북제北齊 · 북주北周 및 수 등 5대代의 역사적 사실을 기록한 각각의 서책을 나중에 편입시켜 놓은 것이다. 〈지〉 중 〈수서경적지隋書經籍志〉에는 수나라까지 전래된 서책명을 열거해 놓아 유용한 자료가 된다.

《신증동국여지승람新增東國輿地勝覽》: 1530년(중종 25) 중종의 명에 의해 이행李荇 · 윤은보尹殷輔 · 신공제申公濟 등이 편찬한 55권 25책의 인문지리서人文地理書이다. 1477년(성종 8)에 펴낸 《팔도지리지》에, 《동문선》에 실린 동국문사東國文士의 시문을 첨가하고, 체제는 남송南末 축목祝穆의 《방여승람方輿勝覽》과 명明나라의 《대명일통지大明一統志》를 참고하여 1481년에 《동국여지승람東國輿地勝覽》 50권이 완성되었다. 1486년 이를 증산增刪 · 수정하여 55권으로 간행하였고, 이후 연산군 때 개수를 거쳐 1530년 증보하여 《신증동국여지승람》이 완성되었다. 전국을 도 · 군별로 조목에 따라 서술하였는데, 권1 · 2 경도京都, 권3 한성부漢城府, 권4 · 5 개성부開城府, 권6~13 경기도, 권14~20 충청도, 권21~32 경상도, 권33~40 전라도, 권41~43 황해도, 권44~47 강원도, 권48~50 함경도, 권51~55 평안도 등으로 구성되었다. 각 도의 첫머리에는 그 도의 전도全圖를 싣고 이어 연혁 · 성씨姓氏 · 묘사廟社 · 풍속 · 관부官府 · 토산 · 인물 · 역원驛院 · 사적事蹟, 시인의 제영題詠 등을 실었다. 역대 지리지 중 가장 종합적인 내용을 담고 있다.

《여지지輿地志》: 《여지지輿地志》의 기록은 《동국문헌비고東國文獻備考》, 〈여지고輿地考〉에 그대로 인용출전이 밝혀져 실려 있다. 《여지지》는 1656년(효종 7) 유형원柳馨遠이 편찬한 《동국여지지東國輿地志》 9권 10책를 말하는 듯하나, 《이십일도 회고시》에 인용된 구절과는 내용상 출입이 있어 불분명하다.

《오대사五代史》: 중국의 역사서인 《구오대사舊五代史》와 《신오대사新五代史》를 말한다. 《구오대사》(원명原名, 《양당진한주서梁唐晉漢周書》)는 송宋나라의 설거정薛居正 등이 태종太宗의 칙명을 받들어 924년(태조 7)에 완성한 것으로, 907년의 당唐나라 멸망으로부터 그 뒤 60년 사이에 일어났다가 없어진 후량後梁 · 후당後唐 · 후진後晉 · 후한後漢 · 후주後周 등의 다섯 왕국에 대한 사적을 기록한 152권을 말한다. 또 《신오대사》(원명原名, 《오대사기五代史記》)는 송나라 인종仁宗 때 구양수歐陽脩 등이 춘추春秋의 필법筆法으로 편찬한 것으로, 후량의 태조로부터 후주의 공제恭帝에 이르기까지의 사적을 기록한 75권을 말한다. 이 밖에 송나라 조정에서 이와는 별도로 편찬한 《오대사》가 있다.

《외국죽지사外國竹枝詞》: 중국 청나라 문인 우통尤侗이 지은 장편의 죽지사竹枝詞로, 세계 각국의 역사와 풍속을 백여 편의 칠언절구로 담아내었다. 우통의 자는 전성展成 호는 간재艮齋로 장주長洲 사람이다.

《요사遼史》: 중국 원元나라 때 타그타[脫脫] 등이 편찬한 요遼나라에 관한 역사서로, 본기 30권, 지 32권, 표 8권, 열전 45권, 국어해國語解 1권 등 총 116권으로 구성되어 있다.

《원사元史》: 중국 명明나라 때 송렴宋濂과 왕렴王濂 등이 원元나라의 흥망을 기록한 역사서이다. 본기 47권, 지 58권, 표 8권, 열전 96권 등 총 210권으로 구성되어 있다.

《위략魏略》: 중국 위魏나라 때 관리官吏를 지냈던 어환魚豢이 개인적으로 편찬한 위魏(220~265)에 관한 역사서로, 본기와 열전으로 구성된 기전체紀傳體 형식으로 이루어져있다.

《위서魏書》: 중국 북제北齊 위수魏收의 저서로 《북위서北魏書》라고도 한다. 본기 12권, 지 20권, 열전 92권 등 총 124권으로 되어 있다. 문선제文宣帝 천보天保 2년(551)에 만들어졌고, 현재 전하는 것은 잃어 버린 부분을 송宋나라 때 보완한 것이다. 북위北魏 건국 이전부터 시작하여 북위의 역사를 서술하면서 동위東魏를 정통이라 하였으나 북제北齊를 왜곡하고 열전列傳의 서술이 불공평하여 후세의 사가史家들로부터 예사穢史라는 비난을 받고 있다.

《이상국집李相國集》: 고려 고종 28년(1241)에 펴낸 이규보李奎報의 문집 《동국이상국집東國李相國集》을 말한다. 모두 53권 13책이며, 민족서사시 〈동명왕편東明王篇〉, 가전체문학의 대표작인 〈국선생전麴先生傳〉과 〈청강사자현부전淸江使者玄夫傳〉, 시론詩論 등 국문학사에 주목되는 글이 풍부하며, 《구삼국사舊三國史》의 존재와 내용 일부, 팔만대장경의 판각 연혁, 금속활자의 사용 사실 등 귀중한 역사사실도 많이 실려 있다.

《자치통감資治通鑑》: 중국 북송北宋의 사마광司馬光이 1065~1084년에 편찬한 편년체編年體 역사서로, 《통감通鑑》이라고도 한다. 주周나라 위열왕威烈王이 진晉나라 3경卿(韓·魏·趙氏)을 제후로 인정한 BC 403년부터 5대五代 후주後周의 세종世宗 때인 960년에 이르기까지 1362년간의 역사를 1년씩 묶어서 편찬하였다. 주기周紀 5권, 진기秦紀 3권, 한기漢紀 60권, 위기魏紀 10권, 진기晉紀 40권, 송기宋紀 16권, 제기齊紀 10권, 양기梁紀 22권, 진기陳紀 10권, 수기隋紀 8권, 당기唐紀

81권, 후량기後梁紀 6권, 후당기後唐紀 8권, 후진기後晉紀 6권, 후한기
後漢紀 4권, 후주기後周紀 5권 등 모두 16기紀 294권으로 구성되었다.

《점필재집佔畢齋集》: 조선 전기의 학자 김종직金宗直의 시문집으로,
시집 23권, 문집 2권 총 25권 7책이다. 1640년(인조 18) 전주윤全州尹
이던 한흥일韓興一이 수집하여 간행하고, 1649년(인조 27) 중간하였
다. 내용은 절구節句 · 율시律詩 · 배율排律 · 고시古詩 · 부부賦 · 요요謠 ·
악부樂府 · 책문冊文 · 제문祭文 · 서서書 · 서序 · 설설說 · 발발跋 · 기기記 · 명명銘
등이 수록되어 있다. 무오사화로 인한 부관참시剖棺斬屍 때 대부분의
저서가 불에 타버렸기 때문에 이 문집에도 조의제문弔義帝文이 수록
되어 있지 않다.

《조선부朝鮮賦》: 중국 명明나라의 사신 동월董越이 조선 풍토風土를
부賦로 읊은 내용을 엮은 것이다. 동월은 1488년(성종 19) 조선에 사
신으로 왔다가 본국에 돌아가 이 책을 지었으며, 자신이 주註를 달았
다. 조선 명종 때 중국에서 간행되었으며, 조선에서는 1697년(숙종
23)에 간행하였다. 이는 청나라 때 간행된 《사고전서四庫全書》에도 포
함되어 있다. 1937년 조선사편수회에서 《조선사료총간朝鮮史料叢刊》
으로 간행하였다.

《지봉유설芝峯類說》: 이수광이 세 차례에 걸친 중국 사행에서 얻은

견문을 토대로 1614년(광해군 6)에 편찬한 한국 최초의 20권 10책의 백과사전적인 저서이다. 내용은 권1에 천문天文·시령時令·재이災異, 권2에 지리地理·제국諸國, 권3에 군도君道·병정兵政, 권4에 관직官職, 권5에 유도儒道·경서經書, 권6에 경서, 권7에 경서·문자文字, 권8~14는 문장文章, 권15는 인물·성행性行·신형身形, 권16은 언어言語, 권17은 인사人事·잡사雜事, 권18은 기예技藝·외통外通, 권19는 궁실宮室·복용服用·식물食物, 권20은 훼목卉木·금충禽蟲 등으로 분류되어 있으며, 총 3,435항목에 이른다.

《탐라국기耽羅國記》: 탐라에 관한 기록으로는 《탐라지耽羅志》, 《탐라고사耽羅故事》, 《탐라기년耽羅紀年》, 《탐라지략耽羅志略》 등이 있으나, 《이십일도 회고시》 이후의 기록이다. 현재 유득공이 본 자료가 무엇인지는 미상이다.

《통전通典》: 중국 당唐나라의 재상宰相 두우杜佑가 편찬한 총 200권의 제도사制度史이다. 766년에 착수하여 30여 년에 걸쳐 초고初稿가 완성되고, 그 후에도 많은 보필補筆이 있었던 것으로 추정된다. 현종玄宗 때 유질劉秩이 편찬한 《정전政典》 35권을 바탕으로, 역대 정사正史의 지류志類를 비롯해서 기전紀傳·잡사雜史·경자經子, 당대의 법령·개원례開元禮(玄宗 때의 禮制) 등의 자료를 참조하여, 식화食貨·선거選擧·직관職官·예禮·악樂·병兵·형형刑·주군州郡·변방邊防의 각 부문으로 나누어, 상고로부터 중당中唐에 이르는 국제國制의 요항要項을 종합하였다. 때에 따라서는 저자의 의견도 삽입하였다. 후에 북송北宋 송백宋白 등의 《속통전續通典》, 남송南宋 정초鄭樵의 《통지通志》, 송말원초宋末元初 마단림馬端臨의 《문헌통고文獻通考》 등에 영향을 끼쳤다.

《평양부지平壤府志》: 평양에 관한 지지地志인, 《평양지平壤志》를 말한다. 《서경지西京志》라고도 한다. 《원지原志》 9권, 《속지續志》 5권, 《후속지後續志》 2권으로 모두 16권 10책이다. 《원지》는 1590년(선조 23) 평안도 관찰사 윤두수尹斗壽가 편집 간행하였고, 《속지》는 1730년(영조 6) 그의 후손 윤유尹游가 편집 간행한 것을 1837년(헌종 3)에 합간合刊하였으며, 《후속지》는 1855년(철종 6) 그 지방 사람이 편집한 것을 후인이 합본合本한 것이다. 책의 첫머리에 평양시가도인 〈평양관부도〉와 평양전도인 〈평양폭원총도〉가 있다. 현존하는 지방지 중 편찬연대가 가장 오래된 것으로, 평양의 지리사 연구에 특히 중요한 자료이다.

《한서漢書》: 중국 후한後漢시대의 역사가 반고班固가 저술한 기전체紀傳體의 역사서로, 제기帝紀 12권, 표 8권, 지 10권, 열전 70권 등 총 100권으로 이루어졌다. 《전한서前漢書》 또는 《서한서西漢書》라고도 한다. 《사기史記》와 더불어 중국 사학사상史學史上 대표적인 저작이다. 《사기》가 상고시대부터 무제까지의 통사通史인 데 비하여 《한서》

는 전한前漢만을 다룬 단대사斷代史로, 한고조漢高祖 유방劉邦부터 왕망王莽의 난亂까지 12대代 230년간의 기록이라는 점에 특징이 있다.

《후한서後漢書》: 남북조시대南北朝時代 송宋나라의 범엽范曄이 후한의 13대代 196년간의 사실史實을 기록한 역사서이다. 기紀 10권, 지 30권, 열전 80권 등 총 120권으로 구성되어 있는데, 이 중에서 지 30권은 진晉나라 사마표司馬彪가 저술한 것이다. 후한의 역사서로는 범엽 이전에 이미 《동관한기東觀漢紀》를 비롯하여 사승謝承·설형薛瑩·화교華嶠·사침謝沈·애산송哀山松·장번張璠·사마표 등의 《후한서》가 있었다고 전해지지만, 모두 일실되어 이 책이 후한서의 정사正史로 되어 있다. 이 책의 〈동이전東夷傳〉에는 부여·읍루·고구려·동옥저·예·한韓 및 왜倭의 전傳이 있어서 《삼국지三國志》의 〈위지魏志〉와 더불어 우리에게 사료적 가치가 높다.

최영옥

이십일도 회고시 판본에 대하여

《이십일도 회고시》는 여러 종류의 판본과 필사본이 존재하지만, 체제와 내용에 따라 크게 두 가지로 구분된다. 유득공은 〈제이십일도회고시題二十一都懷古詩〉에서 1778년 처음 저작한 후 15년이 지난 1792년에 역사서를 참조하여 주석을 개정하였다고 하였는데, 이로 보면 처음에 저작된 '초편본'과 후에 개정을 거쳐 최종 완성한 '재편본'이 있음을 알 수 있다. 현재 전하는 판본과 필사본은 대부분 '재편본'에서 나온 것이며, 초편본의 존재는 최근에서야 확인되었다.

현재 확인할 수 있는 이본은 총 8종이다. 국내 간행본으로는 옥경산방본玉磬山房本, 광서정축보전본光緒丁丑補鐫本, 한남서림본漢南書林本이 있으며, 중국 간행본으로는 학재총서본鶴齋叢書本이 있다. 이 4종은 모두 '재편본' 계통이다. '초편본' 계통으로는 중국 북경대학교 국가도서관 선본실에 소장된 '善4964本'과 성균관대학교 존경각에 소장된 필사본이 있다. 이외 국립중앙도서관 소장본에는 '초편본'과 '재편본'이 함께 엮여 있으며, 유득공의 문집인 필사본 《영재집泠齋集》에는 시작품만 실려 있다. 여타 필사본들이 적지 않지만 대체로 간행본을 필사한 것으로, 이체자異體字나 필사 과정에서 발생한 결락 외에는 다른 점이 없어 따로 언급하지 않는다.

우리나라 간행본 중에는 옥경산방본과 한남서림본이 '가상루歌商樓 원본原本'을 표방하고 있는데, 가상루는 유득공의 당호堂號다. 이 두 판본 중 옥경산방본이 한남서림본보다 앞서 간행되었다는 점을 중시하여 본 역주譯註의 저본으로 삼았다. 이제 각 이본을 계열에 따라 서지사항을 제시하고, 이본 간의 글자 출입 부분을 비교하기 용이하도록 표로 작성하였다.

초편본 계열

1) 북경대학교 국가도서관 선본실 소장본 '善4964本'

저자명이 '한산주유득공완정저漢山州柳得恭宛亭著'로 기재되어 있다. 본 '善4964本'을 '청초본淸鈔本'이라 칭하며 보고한 연구도 있으나, 현지인을 통해 파악한 결과 간본으로 확인되어 정확한 조사가 요구된다. 대체적인 내용을 살펴본 결과 초편본 계열인 성균관대학교 존경각에 소장된 필사본과 동일한 것으로 파악된다.

2) 성균관대 존경각 소장 《이십일도회고시주二十一都懷古詩註》본

필사본으로 표지의 제목은 '이십일도회고시주二十一都懷古詩註'이며, 저자는 '한산주유득공저漢山州柳得恭著'로 표기되어 있다. 서문과 목차는 모두 없는데, 재편본에서 보이는 유득공의 〈제이십일도회고시〉가 두주頭註의 형태로 씌어져 있다. 특히 '옥유서옥玉蕤書屋'이라고 새겨진 원고지에 매우 정성스럽게 정서되어 있다. '옥유'는 유득공이 서문을 쓴 《해동역사》의 저자 한치윤의 호다.

본 번역서의 저본인 옥경산방본과 성균관대학교 존경각 소장 《이십일도회고시주二十一都懷古詩註》본의 차이를 간명하게 정리하여 도표로 제시하면 다음과 같다.

구분	성균관대학교 존경각 소장 《이십일도회고시주二十一都懷古詩註》본		옥경산방玉罄山房본		비고
	도읍명 都邑名	시구 詩句	국명 國名	시구 詩句	
1	平壤府	大同江是小西湖, 王儉城南遍綠蕪. 萬里塗山來執玉, 佳兒尙憶解扶婁.	檀君朝鮮	大同江水浸烟蕪, 王儉春城似畫圖. _____, _____	제1·2구가 다름
2		없음	箕子朝鮮	麗眼籬斜井字阡 …	추가됨
3		久菴圖說最分明, 殷後荒田尙一成. 經界章中堪補注, 無因說與趙邠卿.		없음	삭제됨
4		없음	衛滿朝鮮	魋結人來漢祖年, …	추가됨
5		없음		樂浪城外水悠悠, …	추가됨
6		樓船壯士唱歌歸, 四郡山河映漢旗. 鮮北韓南分界處, 燕初二字至今疑.		없음	삭제됨
7	春川府	昭陽江水接滄津, 通道碑殘沒棘榛. 一自詩人懷古後, 堯時君命漢時臣.	貊	_____, _____ 東史未窮班掾志, _____	제3구 다름
8	平壤府	없음	高句麗	昔日夫餘夾彈兒……	추가됨
9		없음		遼海歸旌數片紅……	추가됨
10		없음		句麗錯料下句麗……	추가됨
11	扶餘縣	青山一抹是扶蘇, 泗沘河連白馬湖. 不用君家興首策, 當時錯恨老龍姑.	百濟	落日扶蘇數點峯, 天寒白馬怒濤洶. 奈何不用成忠策, 却恃江中護國龍.	수정됨
12		없음		浴槃零落浣膓脂……	추가됨
13					
14	開寧縣	獐夫人塚孝王陵, 宮殿遺墟雲樹層. 三十狉狉元大發, 扁舟只合去朝勝.	甘文	獐姬一去野花香, 埋沒殘碑古孝王. 三十雄兵曾大發, 蝸牛角上鬭千塲.	수정됨
15	開城府	없음	高麗	鳳輦逶遲降帝姬, ……	추가됨

* 양 이본이 동일한 시작품인 경우에는 비교표에서 제외하였으며, 새로 추가된 시는 제1구만을 기재하였다.

재편본 계열

1) 옥경산방玉磬山房본

이 판본은 국립중앙도서관에 소장되어 있으며, 표지에 '가상루 원본'임을 표방하고 있다. 현재 발견되는 필사본은 대부분 옥경산방본을 필사한 것으로 여겨진다.

2) 광서정축보전光緖丁丑補鐫본

고종高宗 14년 정축丁丑(1877)년에 간행된 것으로 간행처는 밝혀져 있지 않다. 간행 연대를 확인 할 수 있는 이본 중 가장 앞선 간본이다. 체제와 내용이 옥경산방본과 동일하나 표지에 가상루 원본임을 표방하고 있지는 않다.

3) 한남서림漢南書林본

백두용白斗鏞이 1917년에 한남서림에서 간행한 본이다. 다른 판본에 비해 가장 늦은 시기에 간행되었지만, 옥경산방본과 동일하게 가상루 원본임을 표방하고 있다. 옥경산방본과 대교해보면, 8곳에서 이체자異體字 정도의 차이만 있을 뿐이다. 현재 이 간본이 가장 많이 남아 있어 다수의 국내 도서관에 소장되어 있다.

구분	국명	玉磬山房本	《鶴齋叢書》本	光緒丁丑補鐫本	翰南書林本
1	檀君朝鮮	唐堯戊辰歲也 三國遺事	唐堯戊辰歲也 【至商戊丁八年 入阿斯達山爲神】 三國遺事	국명	국명
2	韓	三曰弁韓	三曰弁辰		
3	高句麗	數聲黃鳥啼深樹	聲聲黃鳥啼深樹		
4		平生慷慨愚溫達	平生忼慨愚溫達		
5		何故改前言乎			何故改萌言乎
6		王逆戰於肆山之野			王逆戰於津山之野
7	沸流	入大同江	入大同江流		
8	百濟	若異國兵來	若二國兵來		
9		漣德安五郡都督	漣德安五都督府	漣德安五都督府	漣德安五都督府
10	新羅	尼斯今姓	尼斯金姓		
11		帶家 隱伽倻山			挈家 而隱伽倻山
12		深有典型	深有典刑		
13		嘗於黃龍寺壁	嘗於皇龍寺壁		
14		皆陷沒	皆陷沒 【萱縱兵大掠 使人捉王 至前戕之 入居宮中 强引夫人亂之】		
15	金官	解所着綾袴	解所著綾袴		

16	大伽倻	凡十六世	凡十六世【崔孤雲釋利貞傳 伽倻山神正見母主 乃爲天神夷毗訶之所感 生大伽倻王惱窒朱日金官國王惱窒青裔二人 輿地勝覽 惱窒朱日 爲伊珍阿鼓王之別稱 青裔 爲首露王之別稱】	
17	于山	載戰船 抵其國	載之戰船 抵其國境	
18	耽羅	故送此三女也 三那	故送此三女(也) 三乙那	
19	泰封	稱王號泰封國	稱王號太封國	
20		烏鵲飛邊認故宮	烏鵲飛邊認故宮	
21		沌姓名 …	沌名姓 …	沌名姓 …
22	高麗	後唐明宗長興三年	(後唐明宗)長興三年	
23		古高麗國都	(古)高麗國都	
24		紅淚先沾勻藥枝	紅淚先添勻藥枝	
25		祓以白羊脂	祓以白羊膏	
26		聞者譏之	問者譏之	
27		束以石硤	束似石硤	
28		看之		而看之
29		紫霞洞裏艸霏霏		紫霞洞裡草菲菲
30		辛禑小字牟尼奴	辛禑小子牟尼奴	

* 옥경산방본을 기준으로 자구가 동일한 경우에는 표기하지 않고 빈칸으로 두었다. 《학재총서》본의 추가된 내용은 【】안에 넣었다. ( ) 안은 빠진 자구를 표시한 것이다.

236

4) 학재총서鶴齋叢書본

중국 청나라 말기 조지겸趙持謙이 편찬한 《앙시천칠백이십구학재총서仰視千七百二十九鶴齋叢書》에 게재된 본으로서 서울대 규장각과 중국 북경대 도서관에도 소장되어 있다. 1880년에 간행된 이 총서는 총 3집으로 구성되어 있는데, 〈이십일도회고시〉는 제1집에 수록되어 있다. 특이한 점은 '기자조선' 조, '신라' 조, '대가야' 조 등 3곳의 주석에 여타 이본과는 다른 기술이 추가되어 있다는 점이다. 이를 제외하면 26곳에서 글자 출입이 있지만 의미가 달라지는 정도는 아니다.

재편본 간의 차이를 간명하게 정리하여 도표로 제시하면 다음과 같다.

기타 이본

1) 국립중앙도서관 소장 《회고시사懷古詩史》본

국립중앙도서관에 소장 되어 있는 필사본이다. 표지의 제목이 '회고시사懷古詩史'로 되어 있고, 건乾·곤坤 두 책으로 엮여 있는데, '건'은 재편본 계열이고, 곤은 초편본 계열이다. 8행 21자字로 초록되어 있다.

'건' 책의 내제內題는 '이십일도회고시주해二十一都懷古詩註解'로 되어 있고, '한산천유득공혜풍저漢山川柳得恭惠風著'라고 저자명 표기하였다. 책의 서두에 목록이 따로 기재되어 있는데, 각 나라의 국명과 간략한 연혁이 부기되어 있다. 또한 주석의 기재 방식이 여타 이본과 다르다. 대개는 본시가 끝나고 주석을 붙이는데 비해, 이 필사본은 시구 사이에 주석을 붙여놓았다. 주석의 내용은 같다.

곤坤책의 내제內題는 '이십일도회고시二十一都懷古詩'로 되어 있다. 이 책의 서두에는 서문의 역할을 하고 있는 〈제이십일도회고시題二十一都懷古詩〉라는 글이 〈영재이십일도회고시서泠齋二十一都懷古詩序〉이란 제목으로 수록되어 있다.

2) 《영재집泠齋集》 소재본

민족문화추진회에서 간행한 유득공의 문집인 필사본 《영재본泠齋集》 권2에 실려 있다. 〈이십일도회고시〉라는 제목아래 시 43수만을 수록하고 있는데, 편차와 내용은 재편본과 같다. 한 가지 특이한 점은 〈비류沸流〉의 첫 구절이 여타 이본과 다르다는 점이다. 다른 이본에는 "劍樣青峰一十二"로 되어 있으나 오직 이 본만이 "十二青峯似劍鋩"으로 되어 있다.

김형섭

【옮긴이 차례】

이십일도 회고시 영인

海中宛如巫峽

商舶高麗史宋商集禮成江

天壽南門春暮時丹樓碧閣影參差風簟雨笠何村客

終日沈吟看蹟罸

天壽興地勝覽天壽院在城東卽天壽寺故址

看簷島絲昬高麗史康日用欲賦覽簷毎冒雨至天壽寺

南溪看之

紫霞洞裏勝覽紫霞洞在松岳山下洞府幽阻淺

至今猶有燕雙飛

紫霞洞裏艸霏霏不見宮姬並馬歸爲是辛王行樂地

水淸漣最爲絕勝

辛王明史高麗王禑無子以寵臣辛旽之子禑爲子

高麗史辛禑小字年尼奴旽婢妾般若之出也

燕雙飛高麗史辛禑使妓燕雙飛佩弓吹遂衣繡龍

未並轡而行

可憐靑木未藏龍蕭瑟千年鵠鶺松鐵犬寥家東向吠

白雲飛盡見三峯

鐵犬松京雜記世傳神僧道詵爲麗祖定都松岳之

陽既而雲捲東南見漢陽三角山崒元天際趺兒歎

咄鑄鐵犬十二使吠之蓋以三角爲松岳之顓表云

今府東有坐犬里

二十一都懷古詩終

帝姬高麗史忠烈王庶齊國大長公主名忽都揭

里迷失元世祖女也元宗十五年忠烈王以世子在

元尚公主

㢱羊脂高麗史忠烈王嗣位與公主東還同輦入京

父老相慶帝令脫忽送公主脫忽先至張穹廬祇以

白羊脂

白眼高麗史公主生子益和官主宴賀行酒王顧見

公主公主曰何自眼視我耶豈以宮主跪於我乎遂

命罷宴下殿大哭

勺藥校高麗史忠烈王二十二年五月壽寧宮勺藥

懷古詩 卅四

盛開公主命折一枝把玩良久感泣得疾甍年三十

九

結識中朝趙子昂風流都尉瀋陽王教人提舉征東省

留醉蘆溝萬卷堂

瀋陽王元史高麗王眡子謜襲王位成宗初年常寅

塔寶徼公主十一年進對瀋陽王

征東省元史至元二十年征東行中書省於高麗

萬卷堂高麗史忠宣王諱璋古諱謜蒙古諱益智禮

普化知元宿衛凡十年佐仁宗定內亂迎立武宗以

大尉留燕邸搆萬卷堂書史自娛姚燧閻復元明善

趙孟頫遊王門

銀燭如星照禁局題詩多上牧丹亭如今破瓦嵩山在

不復三呼繞殿青

牧丹亭李相國集山呼亭牧丹盛開賦者多至百人

輿地勝覽見山呼亭在延慶宮內

嵩山輿地勝覽見松岳在開城府北五里初名扶蘇又

種鵠嶺又松山又神嵩

三呼繞殿高麗史忠宣王時松岳夜鳴王怪而問之

陳無作對曰無傷也古詩有嵩岳三呼繞殿青之句

王悅

懷古詩 卅五

指點前朝宰相家廢園風雨土墻斜牧丹孔雀凋零盡

黃蝶雙雙飛菜花

牧丹孔雀高麗史神宗初參知政事車若松與特進

奇洪壽同入中書省若松問於洪壽曰孔雀好栽乎

答曰食魚鱠咽而灺因閒養牧丹之術若松具道之

聞者譏之

潮落潮生惡水門年年商舶到江村攢峯十二巫山似

只少三聲臨淚猿

惡水門宋史禮成江居兩山間東以石硤灘激而下

所謂惡水門最險狹犬明一統志惡水門在開城南

主將米治路散與乞見而去疾如旋風昌瑾懸其鏡
於市壁日光斜映隱隱有細字可讀其文曰三水中
四維下上帝降于於辰馬先操雞後搏鴨此謂運滿
一三甲暗登天明理地遇子年中興大事混蹤沌
姓名混沌誰知𩁹與聖振法雷揮神電於巳年中二
龍見一則藏身青木中一則現影黑金東智者見愚
者皆興雲注雨與入征或見盛或視衰盛衰者滅惡
塵漠此一龍子三四遞代相承六甲子此四維定帝
丑越海來降須待酉此交著見於明王國泰人安帝
永昌吾之記凡一百四十七字昌瑾初不知有文及

懷古詩 卅二

見之謂非常獻于裔裔令昌瑾物色求其入彌月不
能得唯東州勃颯寺燄先如來像前有塡星古像
如其狀左右亦持椀鏡昌瑾喜具以狀白裔歎之
令文人宋含弘白卓許原等解之含弘等曰辰馬者
辰韓馬韓也青木松也謂松岳郡也黑金鐵也今所
都鐵圓也今主初盛於此終滅於此乎先操雞後搏
鴨者王侍中御國之後先得雞林後收鴨綠之意也
三人相謂曰王猜忌嗜殺若告以實王侍中必遇害
五章亦且不免矣乃詭辭告之
設弧端陽三國史弓裔以五月五日生而有薏憲安

王惡之勑令殺之使者取襁褓中投樓下乳媼竊捧
手齰䀴一目

高麗

五代史後唐明宗長興三年高麗權知國事王
建遣使者來明宗乃拜建玄菟州都督充大義
軍使封高麗國王高麗史太祖神聖大王姓王
氏諱建字若天松岳郡人新羅政衰弓裔拓高
句麗之地都鐵原國號泰封授太祖精騎大監
著功累階為波珍粲兼侍中深貞明四年騎將
洪儒裴玄慶申崇謙卜智謙等密謀戴國號

懷古詩 卅一

高麗改元天授二年定都于松岳之陽文獻衛
考閱城府古高麗國都
莞凉二十八王陵風雨年年暗漆燈進鳳山中紅躑躅
春來猶自發層層

二十八王陵文獻備考高麗太祖以下二十八陵柱
開城府松岳進鳳山碧串洞鳳鳴山諸處
進鳳躑躅興地勝覽進鳳山柱開城府東南九里杜
鵑花感開世稱進鳳躑躅
鳳輦遙遙隆帝姬春寒瓊帳祓羊脂浮生白眼應難較
紅淚先沾勻藥枝

懷古詩 ⊠
三二

遣使入後唐稱藩唐策授檢校太尉兼侍中判
百濟軍事持節都督全武公等州軍事行全州
刺史海東四面都統指揮兵馬制置等事百濟
王食邑二十五百戶輿地勝覽古土城在全州
府北五里甄萱所築
往事悠悠甄背翁繽紛紅葉古城東可憐燉㲀金山寺
匕國何關絕影驄
殺金剛自稱大王萱與季男能乂女衰福壁妾姑比
而多智萱愛之欲傳位其兄神劒幽萱於金山佛宇
疽背翁三國史甄萱有子十餘人第四子金剛身長
等逃奔高麗高麗太祖待以厚禮尊為尚父萱發疽
卒於黃山佛舍
繽紛紅葉鄭圃隱夢周全州萬景樓詩靑山隱約扶
餘國紅葉繽紛百濟城
絕影驄高麗史甄萱獻絕影島驄馬于太祖後聞讖
云絕影名馬至百濟匹乃悔之使人請還太祖笑而
許之
泰封
通鑑唐天祐初高麗石崛寺貎躬又聚衆據
開州稱王號泰封國後梁貞明中遣佐良尉金

懷古詩 ⊠
廿一

立奇入貢于吳三國史弓裔新羅人考憲安王
或云景文王之子祝髮為僧號善宗軒輊有膽
氣羅李羣盜蜂起善宗投北原賊梁吉軍中吉
委任分兵使東略地遂擊破猪足牲川夫若金
城鐵原等城天復元年稱王國號摩震年號武
泰移靑州人戶一千入鐵圓城宋改武泰為
聖冊元年分定浿西十三鎮為京改武泰改
聖冊為水德萬歲改國號為泰封自稱彌勒佛
頭戴金幘身被方袍以長子為靑光菩薩季子
為神光菩薩出則騎白馬以綵飾其髮兒尾使童
男女奉幡蓋香火前導又命比邱二百餘人梵
唄隨後輿地勝覽楓川原弓裔所都鐵原府
北二十里宮殿遺址宛然
烏鵲飛邊認故宮淒涼霸業黑金東詑記㶱湯節
未作雞林老薛公
烏鵲鄭松江澈關東別曲弓王故闕烏鵲啾啾千古
興匕知不知不
黑金東高麗史唐商客王昌瑾忽於市中見一人狀
貎瓌偉鬢鬚皓白左手持三椀右手擎一古鏡方一
尺許謂昌瑾曰能買我鏡乎昌瑾以二斗米買之鏡

木蘆竹多合抱者蘆實桃核大可為杯升　本朝剏
出逃民空其地每三年一送入審視官給各子十五
伐其竹若木又采土物納于朝以為信三陟營將越
松萬戶相遞入島
可之文獻備考欝陵島海中有獸牛形赤眸無角羣
卧海岸見人獨行害之遇人多走入水名可之
獅子三國史異斯夫為阿瑟那軍主謀幷于山國謂
其國人愚悍可以計服乃多造木獅子載戰船抵其
國告曰汝若不服放此獸踏殺之其人恐懼而降

耽羅 卍 廿八

北史百濟南海行有耽牟羅國土多獐鹿附庸
於百濟南海唐書龍朔初有儋羅者其主儒理都羅
遣使入朝國居新羅武州南島上俗朴陋衣大
豕皮夏革屋冬窟室初附百濟後附新羅就羅
國記厥初有三神人從地湧出曰良乙那曰高
乙那曰夫乙那三乙那遊獵荒僻皮衣肉食一
日見紅帶紫衣人函載青衣處女三及駒犢五
穀種浮海而至日我是日本國使也吾王生此
三女云西海中降神子三人將開國而無匹故
送此三女也三那以歲次分娶之播五穀牧駒

犢日就繁庶良乙那所居曰第一都高乙那所
居曰第二都夫乙那所居曰第三都高乙那十
二代孫高厚高清昆第三人造舟渡海泊于耽
津新羅盛時也于時客星見南方太史奏異國
人來朝之象也及厚等至王嘉之稱厚曰星主
以其動星象也今清出袴下愛如已子稱曰王
子又號其季曰都內國號耽羅以來泊耽津遂
新羅也各賜寶衣帶而遣之自此事新羅遂
以高為星主良為王子夫為都上後改良為梁
輿地勝覽濟州本耽羅國或稱乇羅又耽牟羅

耽羅 卍 廿九

三乙那城㾗霧開耽津江口峭帆廻厥初還有毛興穴
何必他人桴下來
耽津文獻備考今康津縣新羅耽津
毛興穴興地勝覽濟州牧鎮山北麓有穴曰毛興穴
卽三乙那湧出處也

後百濟

三國史甄萱尚州加恩縣人也體貌雄奇志氣
倜儻從軍赴西南海防以勞為裨將新羅眞聖
王六年羣盜蜂起萱聚徒侶擊京西南州縣
所至響應遂襲武珍州都完山自稱後百濟王

浦解綾袴處曰綾嶺茜旗入海處曰旗出邊軍地勝

贒許皇后或云南天竺國王女姓許名黃玉號普州

太后

大伽倻

三國史眞興王二十三年命異斯夫討伽倻多

斯含為副領五千騎馳入栴檀門立白旗城中

恐懼不知所為異斯夫引兵臨之一時盡隆興

地志大伽倻今高靈縣南一里有宮闕遺址

又有石井號御井文獻備考大伽倻始祖伊珍

阿豉王至道設智王凡十六世

懷古詩 ✚ 廿六

紅葉迎霜作錦林

千載高山流水音泠泠一十二絃琴凄涼往事無人問

陵

錦林輿地勝覽高靈縣西二里有古藏俗稱錦林王

二絃琴今所謂伽倻琴即是

谷世傳勒率工人肆琴處芝峯類說伽倻國王制十

中國秦箏而制琴號伽倻琴高靈縣北三里地名琴

一十二絃琴輿地勝覽伽倻國嘉悉王樂師于勒象

甘文

三國史新羅助賁尼斯今二年以伊飡于老為

大將軍討破甘文國以其地為郡與地志甘文

今開寧縣也甘文山在縣北二里又柳山在縣

東二里柳山北甘文國遺址尚存

蝸牛角上鬪千場

獐姬一去野花香埋沒殘碑古孝王三十雄兵曾大發

獐姬輿地勝覽獐陵在開寧縣西熊峴俗稱甘文國

獐夫人陵

孝王輿地勝覽開寧縣北二十里有大冢俗傳甘文

金孝王陵

三十兵東史甘文國大發兵三十文獻備考甘文全

懷古詩 ✚ 廿七

國之至小者也

于山

三國史新羅智證麻立干十三年于山國歸服

歲以土宜為貢于山國在溟州正東海島或名

鬱陵島輿地勝覽鬱陵島一云武陵又云羽陵

柱蔚珍縣正東海中地方百里土地饒沃竹大

如杠鼠大如猫桃核大如升

春風五兩邐迤廻海上桃花寂寞開唯見可之登岸臥

更無獅子撲入來

邐帆文獻備考鬱陵島産柴胡薹本石楠藤艸諸香

精誠所感非人力所能爲也遣其婿而納生馬牒養
志新羅王弟無月郎二子長曰周元次曰敬信母溟
州人始居蓮花峯下號蓮花夫人及周元封於溟州
夫人養於周元溟州曲卽蓮花夫人事書生指無月
郎也且溟州乃新羅時置非高句麗時名則溟州曲
當屬新羅樂

金官

懷古詩

迦羅國三國史註伽倻或云加羅駕洛國記後
使來獻授輔國將軍本國王北史新羅附庸於
南齊書加羅國三韓種也建元元年國王荷知

望見龜旨峯有異氣就見紫繩繫金盒而下開
漢光武建武十八年三月駕洛九干禊飲水濱

盒有金卵六卵奉置之翼日六卵剖爲六童子
日就岐嶷十餘日身長九尺衆奉一人爲生郎
首露王也生于金盒因姓金氏國號伽倻乃新
羅儒理王十八年也餘五人爲五伽倻主東以
黃山江西南以海西北以智異山東以伽倻山
爲境興地勝覽五伽倻高靈爲大伽倻固城爲
小伽倻星州爲碧珍伽倻咸安爲阿那伽倻咸
昌爲古寧伽倻又云龜旨峯在金海府北三里

首露王宮遺址在府內興地志首露王墓在金
海府西三百步墓旁有廟龜旨山東有王妃墓
府人並祭以正五八月芝峯類說壬辰倭賊發
首露王墓頭骨大如銅盆枢旁有二女顏色如
生出置壙外卽銷文獻備考駕洛或作伽落又
稱伽倻後改爲金官

懷古詩

訪古伽倻咽竹枝婆娑塔影虎溪滸回看落日沈西海
正似紅旗入浦時

婆娑塔興地勝覽婆娑石塔在虎溪上凡五層其色
赤斑彫鏤甚帝世傳許后自西域來時船中載此塔
以鎮風濤

訪古伽倻鄭圃隱夢周金海懷子樓詩訪古伽倻帅
邑春興凡幾度海爲塵

虎溪興地勝覽虎溪在金海府城中源出盆山南流
入江倉浦

紅旗入浦駕洛國記東漢建武二十四年許皇后自
阿踰陀國渡海而至望見緋帆茜旗自海西南隅而
指北首露王於宮西設幔殿候之王后維舟登陸憩
於高嶠解所著綾袴質于山靈及至王迎入幔殿越
二日同輦還闕立以爲后國人號初來維舟處曰主

248

金生所書其國昌林寺碑字畫深有典型雖唐人名
刻無以遠過之也古人云何地不生才信然輿地勝
覽昌林寺柱金鰲山今廢有古碑無字

率居三國史率居善畫嘗於黃龍寺壁畫老松體幹
鱗皴枝葉徊徉望之飛入及到蹭蹬而落歲久邑暗
寺僧以丹青補之烏鳶不復至又慶州芬皇寺觀音
晋州斷俗寺維摩像皆其筆也

三月初旬去踏青蚊川花柳鎖冥冥流觴曲水傷心事
休上春風鮑石亭

蚊川輿地勝覽蚊川在慶州府南五里史等川下流

懷古詩 ✠

也高麗金克已有蚊川祓禊詩
鮑石亭輿地勝覽鮑石亭在慶州府南七里金鰲山
西麓鍊石作鮑魚形故名流觴曲水遺跡宛然三國
史甄萱猝入新羅王都時王與夫人嬪御出遊鮑石
亭置酒娛樂賦至狼狽不知所為侍從臣僚及宮女

伶官皆陷沒

溟州

三國史新羅宣德王薨無子羣臣議欲立族子
周元周元宅京北二十里會大雨閼川漲不得
渡或曰天其或者不欲立周元乎今大上等敬

信前王之弟之德望素高有人君之體於是衆議
翕然立之旣而雨止國人皆呼萬歲輿地志周
元懼禍退居溟州翼嶺三陟斤乙於蔚珍等地為
食邑文戲備考溟州今江陵府

雞林貞骨大王親九雞分供左海濱最憶如花池上女
骨餘貴族謂之第二骨
羅用人論骨品令孤澄新羅國記其國王謂之第一
真骨三國史新羅多含系出真骨又薛罽頭言新

魚書遠寄倭遊人

懷古詩 ✠

九雉文獻備考新羅之制王曰飯米三斗雄雉九首
魚書遠寄高麗史樂志高句麗俗樂部有溟州曲世
傳書生遊學至溟州見一良家女美姿邑頗知書生
每以詩挑之女曰婦人不妄從人待生擢第父母有
命則事可諧矣生卽歸京師舉業女家將納婿女
平日臨池養魚魚聞警咳聲來就食女食魚謂曰
吾養汝久安知我意將帛書投之有一大魚跳躍含
書悠然而逝生在京師一日為父母具饌市魚而歸
剝之得帛書驚異卽持帛書及父書徑詣女家婚已
及門矣生以書示女家送歌此曲女父母異之曰此

之開見書中云射箭匣王入宮見琴匣射之乃內殿
焚修僧與宮主潛通謀逆也宮主與僧伏誅名其池
曰書出池又云王既免琴匣之禍爲若非烏
鼠龍馬猪之功則王之身幾矣遂以正月上子上辰
上午上亥等日忌百事不敢動作爲愼怛俚言怛忉怛
謂悲愁而禁忌也又以十六日爲烏忌日以糯飯祭
之國俗至今猶然佔俚諺集忉怛歌忉怛復忉忉大
家幾不保流蘇帳重玄鶴倒揚且之薈難偕老
金鰲山邑晚蒼蒼渲染雞林一半霜角曡伽倻人去後
至今紅葉上書莊

伽倻寺

金鰲山輿地勝覽金鰲山一名南山在慶州府南六
里唐顧雲贈崔致遠詩我聞海上三金鰲金鰲頭戴
山高高山之上兮珠宮貝闕黃金殿山之下兮千里
萬里之洪濤
雞林三國史脫解尼斯今九年春三月王聞金城西
始林樹間有雞鳴聲遣瓠公視之金色小櫝掛樹枝
白雞鳴其下瓠公還以吉王使人取櫝開之有小男
兒在其中姿容奇偉王喜曰此豈非天遺我令胤乎
收養之及長聰明多智乃名閼智以其出於金櫝姓
金氏改始林名雞林因以爲國號

伽倻輿地勝覽伽倻山在陝川郡北三十里一名牛
頭山

上書莊三國史崔致遠字孤雲或云海雲沙梁部人
年十二隨使舶入唐乾符元年禮部侍郎裴瓚下及
第調漂水縣尉考績爲承務郎侍御史內供奉賜紫
金魚袋黃巢叛高騈爲諸道行營兵馬都統以討之
辟致遠爲從事光啓元年將詔書來聘留爲侍讀兼
翰林學士出爲太山太守自西事大唐東歸故國皆
遭亂離也無復仕進意帶家隱伽倻山解印寺倨仰終
老輿地勝覽上書莊在金鰲山北高麗太祖之興名

懷古詩

致遠知必受命上書有雞林黃葉鵠嶺青松之語後
人名其所居曰上書莊

城南城北尉藍峯落日昌林寺裏鐘開補東京書畵傳

金生碑版率居松

金生三國史金生自幼能書平生不攻他藝年踰八
十猶操筆不休隸書行艸皆入神崔豈中學士洪灌
隨進奉使入朱館於汴京翰林待詔楊球李草奉勅
至館書圖簇灌以金生行艸一卷視之二人大駭曰
不圖今日得見右軍手書灌曰此乃新羅人金生書
也二人不信之趙子昂昌林寺碑跋云右唐新羅僧

辰林開有馬跪而嘶徨觀之忽不見馬只有大
卵剖之有嬰兒出焉收而養之及年十餘歲岐
嶷然夙成六部人以其生神異推尊之至是立
以爲君辰人謂瓠爲朴以大卵如瓠故以朴爲
姓居西干辰王也文獻備考新羅國號徐耶
代或云斯羅或云斯盧東京雜記慶州本新羅
古都

辰韓六部瞻秋烟徐苑繚華想可憐萬萬波波加號笛
橫吹三姓一千年

辰韓六部三國史一曰關川楊山村二曰突山高墟

村三曰觜山珍支村四曰茂山大樹村五曰金山加
利村六日明活山高耶村是爲辰韓六部
徐苑文獻備考新羅國號徐耶伐後人稱九京都日
徐伐轉爲徐苑
萬萬波波東京雜記神文王時東海中有小山隨波
徃來王興之泛海入其山上有竹一竿命作笛吹之
兵退病愈旱雨時風定波平號萬波息笛歷代傳
實之至孝昭王加號萬萬波波息笛
三姓三國史新羅始祖姓朴氏脫解尼斯今姓昔氏
味鄒尼斯今姓金氏芝峰類說新羅享國幾一千年

統合三韓時和歲豊號稱新羅聖代
幾處壽山幾佛幢崧池鴈鴨不成雙春風谷口松花屋
時聽家家短尾狗
苑池鴈鴨與地勝覽鴈鴨池在慶州府天柱寺北新
羅文武王鑿池積石爲山象巫山十二峯種花卉養
珍禽其西有臨海殿舊址
松花屋東京雜記新羅金庾信宗女財買夫人冬莽
青淵上谷名財買谷每春月同宗士女會宴於谷
之南潤于時百卉敷榮松花滿谷架菴於谷曰名松
花房

短尾猴東京雜記慶州北方虛缺故狗多短尾謂之
東京狗
料峭風中過上元忉忉怛怛踏歌喧年年糯飯無人祭
一陣寒鴉噪別村
忉忉怛怛與地勝覽書出池在慶州府金鰲山東新
羅炤智王十年正月十五日王幸天泉寺有烏鼠
異王令騎士追烏南至避村兩猪相鬪留連見之失
烏所在有老翁自池中出奏書題云見二人亦不
開一人亦馳獻于王王曰與其二人亦莫若勿開一
人亦耳曰官奏云二人者庶人也一人者王也王然

平其國置熊津馬韓東明金漣德安五郡都督 義慈

痛矣贈衛尉卿許者臣赴臨詔恭孫皓陳叔寶墓左

浴槃零落浣臙脂石室藏書事可疑時見荒原秋艸裏

行人駐馬讀唐碑

懷古詩 ⊠ 十六

浴槃扶餘縣志縣庭有石槃夜衛或燃松明炬於其

上焦黑劍缺隱隱有連花刻紋傳為百濟女浴槃

石室藏書扶餘縣志縣之豐田驛東有石壁巉立圻

痕如戶號冊嚴傳為百濟時藏書處舊有好事者欲

斷開晴日天雷懼而止云

唐碑扶餘縣志縣南二里有石塔刻云大唐平百濟

國碑顯慶五年歲在庚申八月十五日癸未建陵州

長史判兵曹賀遂亮預洛州河南權懷素書盖蘇定

方紀功之辭也文體駢儷筆法遒勁當為海東古碑

第一縣北三里又有劉仁願紀功碑中折字多剝

彌鄒忽

三國史朱蒙自北扶餘逃難至卒本扶餘扶

王以女妻之扶餘王薨朱蒙嗣位生二子長曰

沸流次曰温祚及朱蒙在北扶餘所生子來為

太子沸流温祚恐為太子所不容遂與烏干馬

黎等十臣南行百姓從之者多至漢山登負兒

岳望可居之地沸流欲居海濱十臣諫曰惟此

河南之地北帶漢水東據高山南望沃澤西阻

大海作都於斯不亦宜乎沸流不聽分其民歸

彌鄒忽以居之温祚都河南慰禮城沸流以彌

鄒土濕水鹹不得安居歸見慰禮都邑鼎定人

民安泰遂慚悔而歿地今仁川府南十里

海坪上有大冢墻垣舊址宛然石人偶什而毘

大俗傳彌鄒王墓云

休等峰嶺毳忿城

溴上悲歌別弟見登山臨水汨南征三韓地毳姜骹被

懷古詩 ⊠ 十二

忿城

山山上有城世傳沸流所都以王忿忿而歿故名忿

忿城與地志今仁川府南有山名南山一名支鶴

新羅

北史新羅者其先本辰韓種也地在高麗東南

居漢時樂浪地其王本百濟人自海逃入新羅

遂王其國三國史新羅始祖姓朴氏諱赫居世

漢宣帝五鳳元年四月丙辰即位號居西干時

年十三先是朝鮮遺民分居山谷間為六村是

為辰韓六部高墟村長蘇伐公望楊山麓羅井

不敢爭

百濟

南史馬韓有五十四國即百濟即其一也後漸強
大兼諸小國北史百濟之國蓋馬韓之屬也初
以百家濟因號百濟其都曰居拔城亦曰固麻
城三國史百濟始祖溫祚王都河南慰禮城以
十臣爲輔翼國號十濟漢成帝鴻嘉三年也後
以百姓樂從攺號百濟其世系與高句麗同出
扶餘故以扶餘爲氏溫祚王十三年就漢山下
立柵十四年遷都蓋婁王五年等北漢山城近

懷古詩
　十四

省古王二十六年移都漢山文周王元年移都
熊津聖王十六年移都泗沘國號南扶餘文獻
備考百濟所夫里郡一云泗沘今扶餘縣

歌樓舞殿向江開半月城頭月影來紅毯毺寒眠不得
君王處在自溫臺
半月城輿地勝覽扶餘縣半月城在等周一萬三千
六尺卽古百濟都城也抱扶蘇山而等兩頭抵白馬
江形如半月
自溫臺輿地勝覽自溫臺在扶餘縣西五里自落花
巖順流而西有巖跨水渚可坐十餘人俗傳百濟王

遊于此巖則巖自溫
落日扶蘇數點峰天寒白馬怒濤洶奈何不用成忠策
却恃江中護國龍
扶蘇輿地勝覽扶蘇山在扶餘縣北三里東岑曰迎
月臺西岑曰送月臺
成忠三國史百濟義慈王十六年佐平成忠上書曰
臣觀時察變必有兵革之事若異國兵來陸路不
過沈峴水軍不使入岐浦據險以御然後可也王
不省及唐兵乘勝迫城王歎曰悔不用成忠之言
護國龍輿地勝覽扶蘇山下有巖跨江上有龍攫跡

懷古詩
　十五

俗傳蘇定方伐百濟臨江欲渡風雨大作以白馬爲
餌釣得一龍須臾開霽遂渡師故江名白馬巖名釣
龍臺
雨冷風凄去國愁巖花落盡水悠悠泉臺寂寞誰相伴
同是江南歸命侯
巖花輿地勝覽落花巖在扶餘縣北一里俗傳義慈
王爲唐兵所敗宮女奔迸登是巖自隊于江故名
歸命侯唐書顯慶五年詔左衛大將軍蘇定方爲神
邱道行軍大摠管討百濟自城山濟海百濟守熊津
口定方縱擊大破乘潮以進拔其城執義慈送京師

安舜爲王三國史新羅文武王十年高句麗水
臨城人牟岑大兄自窮年城行至西海史冶島
見高句麗大臣淵淨土子安勝迎致漢城中奉
以爲君道小兄多式等告曰興滅國繼絶世天
下之公義也惟大國是望王虞之國西金馬渚
封安勝爲高句麗王十四年改封爲報德王以
王妹妻之神文王二年徴爲蘇判賜姓金氏興
地勝覽益山郡本馬韓國百濟並之號金馬渚
地勝覽益山郡南渡有荒城未知欲報誰家德

可惜英風劒大兄

懷古詩　十一

劒大兄三國史高句麗劒年岑欲興復國家叛唐立
王外孫安舜爲王又云年岑大兄收合殘民至浿江
南殺唐官唐書總章二年詔高佩李謹行爲行軍總
管討安舜殺年岑走新羅

沸流

遼史地理志正州本沸流王故地國爲公孫康
所并渤海置沸流郡有沸流水三國史高句麗
始祖二年沸流國王松讓來降以其地爲多勿與地勝
都封松讓爲主麗語謂復舊土爲多勿與地勝
覽成川府本沸流王松讓故都

劒攓青峰一十二遊車衣水逝湯朱蒙不是眞豪傑

欺負酸寒喫菜王

劒攓青峰興地勝覽紇骨山在成川府西北二里有
攢峰十二朴元亨詩江上羣峰劒攓尖峰前江水正
按藍

遊車衣水興地勝覽見沸流江即卒本川俗稱遊車衣
津在成川府西三十步其源有二出陽德縣吳江山
山一出孟山縣大母院洞至府北合流歷紇骨山山
有四石穴水入穴中沸騰而出故名沸流江又與慈
山郡禹家淵合流入大同江

懷古詩　十三

喫菜三國史高句麗東明王見沸流水有菜葉逐
流下知有人柱上流者因以獵徃尋至沸流國其國
王松讓出見曰寡人僻柱海隅未嘗得見君子今日
相遇不亦幸乎然不識吾子自何而來答曰我是天
帝子來都都於某所請世爲王地小不足容
兩主君立都日淺爲我附庸可乎王忿其言與之射
以校藝松讓不能抗古記東明王與沸流王松讓較
射松讓以畵鹿置百步內不能中其臍朱蒙以玉指
環懸於百步之外破如瓦解松讓大驚欲以立都先
後爲附庸朱蒙造宮室以朽木爲柱故如千歲松讓

254

文德見隋軍士有饑色欲渡之每戰輒北隋軍一日
七捷東濟薩水去平壤城三十里因山為營文德遣
使詐降於述述等為方陣而還文德出軍四面抄擊
至薩水隋軍半濟文德擊其後軍殺右屯衛將軍辛
世雄諸軍俱潰奔還一日一夜至鴨綠九軍初渡遼
三十萬五千人還至遼東城惟二千七百人
倡五言詩隋書遼東之役千仲文率軍指樂浪道至
鴨綠水高麗將乙支文德詐降仲文執之尚書右
承劉士龍固止之遂捨文德尋悔遣人紿文德曰更
有言議可復來也文德不從遂濟仲文選騎渡水每

懷古詩　十一
戰破賊文德遺仲文詩曰神策究天文妙筭窮地理
戰勝功既高知足願云止
句麗錯料下句麗駐蹕山言老六師為問西京紅拂妓
虬髯客是莫雄支
下句麗後漢書王芥更名高句麗王為下句麗侯无
侗外國竹枝詞高句麗降下句麗
駐蹕山唐書太宗自將伐高麗次安市北部傳薩高
延壽南部傳薩高惠眞等襲泉降帝因號所幸山為
駐蹕山勒石紀功攻安市未能下城中見帝麾蓋輒
乘陴喿帝怒江夏王道宗以樹枝畏土積之迫城不

數文果穀都尉傅伏愛守之自高而排其城城且頹
伏愛私去所部虜兵得自頹城出據而輒斷之積火
縈盾周守帝斬伏愛有詔班酉長登城拜謝帝嘉
其守賜絹百匹
莫離支唐書益蘇文者或號益金姓泉氏自云水
中以感眾為莫離支專國猶唐兵部尚書中書令職
云貌魁秀美鬚髯冠服皆飾以金佩五刀左右莫敢
仰視使貴人伏諸地踐以乘馬出入陳兵長呼禁切
行人農窶至投坑谷海東稍乘虬髯客傳雖唐人傳
奇而必有其人也按夫餘之地為高氏所統在隋唐

懷古詩　十二
之際更無所謂夫餘國南鑾所奏海鶻千艘甲兵十
萬入夫餘國云云似指高句麗為夫餘也意遊者蘇
文以東部大人之子意氣豪桀蒙隋季之亂遊歷中
國將有為也及見文皇異表器氣東返稻兵作亂做
得莫離支闕
報德
唐書乾封元年征高麗以李勣為遼東道行軍
大摠管兼安撫大使三年圍平壤執王臧部其
地為都督府者九州四十二縣百復置安東都
護府總章二年大長鉗牟岑率眾版立臧外孫

珠墓世傳高句麗始祖常乘麒麟馬奏事天上年至
四十遂昇天不返太子以所遺王鞭葬於龍山
昔日夫餘挾彈兒東明王子號琉璃數聲黃鳥啼深樹
猶似禾姬罵雉姬

挾彈兒三國史琉璃王諱利初朱蒙歸後乃生子是爲類利初年出遊陌
上彈雀誤破汲水婦人瓦器婦人罵曰此兒無父故
頑如此類利慙歸問母我父何人今在何處母曰汝
父非常人不見容於國逃歸南地開國稱王類利乃
與屋智句鄒都祖等三人行至卒本見父王立爲太
子

懷古詩

黃鳥三國史琉璃王娶二女一曰禾姬鶻川人之女
也一曰雉姬漢人之女也二女爭寵王於涼谷造東
西二宮各置之後王田於箕山禾姬罵雉姬曰汝漢
家婢妾何無禮之甚乎雉姬慙恨歸王聞之策馬
追之雉姬怒不還王嘗息樹下見黃鳥飛集乃感而
歌曰翩翩黃鳥雌雄相依念我之獨誰其與歸

鷄立山前漲戰塵丹旌依戀泌園春平生慷慨愚溫達
自是龍鍾可笑人
鷄立山輿地勝覽鷄立山在聞慶縣北二十里俗號

麻骨山以方言相似也

愚溫達三國史溫達容貌龍鍾可笑家貧乞食以養
母破衫弊履往來市井間時人目爲愚溫達平岡王
少女好啼王戲曰汝常啼聒我耳長必不得爲士大
夫妻當歸之愚溫達及女年二八欲下嫁於上部高
氏公主曰大王常語必爲溫達之妻何故改前言乎
王怒曰宜從汝所適於是公主以寶釧數十繫肘後
出宮歸溫達後周武帝伐遼東王逆戰於肆山之野
溫達爲先鋒疾鬪論功第一王嘉歎曰吾婿也備禮
迎之賜爵大兄及陽崗王即位溫達請伐新羅王許
之溫達臨行誓曰鷄立峴竹嶺以西不歸於我則不
返也遂與羅人戰中流矢欲葬柩不肯動公主撫
棺曰死生决矣鳴呼歸矣遂擧以窆

懷古詩

逺海歸雄數片紅湯湯薩水捲沙蟲乙支文德真才士
倡五言詩冠大東

薩水輿地勝覽清川江一名薩水源出妙香山經安
州城北又西流三十里與博川江合流入海
乙支文德三國史乙支文德沈鷙有智略閑皇中煬
帝下詔征高句麗左翊衛大將軍宇文述出夫餘道
右翊衛大將軍于仲文出樂浪道趨九軍至鴨綠水

九一

漢書武帝卽位彭吳穿濊貊朝鮮後漢書遼東

太守祭彤彤威讋北方聲行海表於是濊貊倭韓

萬里朝獻又云句麗王官與濊貊寇玄菟攻華

麗城文獻備考貊國都在今春川府北十三里

昭陽江北

昭陽江興地勝覽昭陽江在春川府北六里源出麟

堯時君命漢時臣

昭陽江水接滄津通道碑殘沒棘棒東史末窮班掾志

蹄之瑞和縣興府之基麟縣水合流至楊口縣南爲

䌷沙里灘又至府東北爲青淵爲丗淵爲狄巖灘爲

昭陽江

通道碑東史檀君命彭吳治國內山川以奠民居本

紀通覽牛首州有彭吳碑文獻備考彭吳乃漢人而

非檀君之臣也金梅月堂時習詩通道自彭吳

高句麗

魏書高句麗者出於夫餘自言先祖朱蒙朱蒙

母河伯女夫餘王閉於室中爲日所照引身避

之日影又逐有孕生一卵大如五升以物裹之

置於暖處有一男破殼而出及長守之曰朱蒙

其俗言朱蒙者善射也夫餘之臣謀殺之朱蒙

乃與烏引烏違等二人棄夫餘東南走遇一大

水欲濟無梁夫餘人追之甚急朱蒙告水曰我日

于河伯外孫今日逃走追兵及垂如何得濟於

是魚鼈並浮成橋朱蒙得渡魚鼈乃解追騎不

得渡朱蒙遂至普述水遇見三人其一人着麻

衣一人着衲衣一人着水藻衣朱蒙與朱蒙至訖升

骨城居焉號曰高句麗因以高爲氏三國史高

句麗始祖東明聖王姓高氏自夫餘至卒本川

觀其山河險固欲都焉結廬於沸流水上時年

二十歲漢元帝建昭二年也琉璃王二十年遷

都於國內等慰那巖城山上王十三年移都於

九都東川王二十一年等平壤城移民及廟社

通興高句麗自東晉以後居平壤

弧矢橫行十九年麒麟寶馬去朝天千秋霸氣凉于水

墓裏消沈白玉鞭

麒麟寶馬興地勝覽麒麟窟在平壤府九梯宮內浮

碧樓下東明王養麒麟于此世傳王乘麒麟入

此窟從地中出朝天石升天其馬跡至今在石上也

朝天石在麒麟窟南

白玉鞭興地勝覽東明王墓在中和府龍山俗號眞

萩苴史記朝鮮相韓陰凶降漢封爲萩苴侯

津吏婦古樂府琴操九引箜篌引亦日公無渡河朝
鮮津吏霍里子高妻所作子高晨起刺船見一
白首狂夫被髮攜壺亂流而渡其妻隨呼止之不及
遂溺必妻乃援箜篌而歌日公無渡河公
竟而必將奈公何聲音悽愴曲終亦投河而必子高
還以其事語麗玉麗玉傷之乃引箜篌以寫其聲

韓

後漢書韓有三種一日馬韓二日辰韓三日弁

懷古詩 冈　四　一

韓馬韓在西有五十四國其北與樂浪南與倭
接箕子後四十餘世朝鮮侯準自稱王燕人衛
滿擊破準而自王準乃將其餘衆數千人走入
海攻馬韓破之自立爲韓王東國通鑑箕準既
爲衛滿所攻奪入海居韓地金馬郡文獻備考
金馬今益山郡有金馬山輿地勝覽箕準城在
益山郡龍華山上周三千九百尺

當年枉信漢凶人麥秀殷墟又一春可笑蒼黃浮海日
船頭猶載善花嬪

善花嬪三國志朝鮮侯準既僭號稱王爲燕凶人衛

滿所攻奪將其左右宮人走入海居韓地東史箕準
號武康王輿地勝覽龍華山北八里世傳武康
王既得人心立國馬韓與善花夫人遊山下又云雙
陵在五金寺西數百步後朝鮮武康王及妃陵也

濊

漢書武帝元朔元年歲君南閭等口二十八萬
人降爲滄海郡後漢書濊北與高句麗沃沮南
與辰韓接東窮大海西至樂浪本朝鮮之地也
賈躭古今郡國志新羅北界溟州古濊國文獻
備考今江陵府東有濊時所等古城遺址

懷古詩 冈　五　一

大關嶺外大東洋濊國山川陰搏桑野老不知興廢事
田間閉拾古銅章

大關嶺輿地勝覽大關嶺在江陵府西四十五里州
之鎮山也自女直之長白山縱橫迤邐擴東海之濱
者不知其幾而此嶺最高金員外克已詩秋霜鴈未
過時落曉日鷄初鳴處生
藥國輿地勝覽江陵府本濊國一云鐵國一云藥國
古銅章三國史新羅南解次雄十六年北溟人耕
田得濊王印獻之

貊

258

史記武王既克殷乃封箕子於朝鮮而不臣也
漢書殷道衰箕子去之朝鮮教其民以禮義田
蠶織作樂浪朝鮮民犯禁八條相殺以當時償
殺相傷以穀償相盜者男沒入爲其家奴女子
爲婢欲自贖者人五十萬東國通鑑殷太師箕
子紂諸父也紂無道于箕子箕子爲陳洪範九疇武王
王伐紂訪道于箕子箕子被髮佯狂爲奴周武
封于朝鮮都平壤
兔山山邑碧森沈翁仲巾裾帥露慢猶似龍年奔卉冠
松風開作管絃音
懷古詩　□
　二
兔山輿地勝覽箕子墓在平壤府城北兔山
翁仲巾裾董越朝鮮賦東有箕祠設木主題曰朝
鮮後代始祖祖益尊檀君爲其建邦啓土𡉈以箕子爲
其繼世傳緒也墓在兔山維城乾隅有兩翁仲如唐
巾裾點以斕斑之苦蘚如衣錦繡之文襦
管絃音文獻備考壬辰之亂倭掘箕子墓左邊一丈
許樂聲自壙中出懼而止
麂眼籬斜井字阡一邨桑柘望芊芊誰知遼海蒼茫外
耕種殷人七十田
殷人七十田平壤府志箕子井田在正陽含毬二門

外區畫宛然
衛滿朝鮮
史記朝鮮王滿者故燕人也燕王盧綰反入匈
奴滿亡命聚黨千餘人魋結蠻夷服而東走出
塞渡浿水居秦故空地上下障稍役屬眞番朝
鮮蠻夷及燕齊亡命者王之都王險索隱曰滿
姓衛應劭云遼東有險瀆縣朝鮮王舊都臣瓚
云險城在樂浪郡浿水之東也括地志云平壤
城本漢樂浪郡王險城
懷古詩　□
　三
魋結人來漢祖年同時羌擬趙龍川箕王可恨無分別
填補臬雄博士員
博士魏畧箕子之後朝鮮王否子準立燕人衛滿誘
準降準信寵之拜爲博士賜以圭封之百里令守西
邊滿誘亡黨衆稍多乃詐遣人告準言漢兵十道至
求入宿衛遂還攻準準與滿戰不敵也
樂浪城外水悠悠誰識萁萁漢代侯不及當年津吏婦
箜篌一曲豔千秋
樂浪朝書朝鮮王滿傳子至孫右渠所誘漢亡人滋
多未嘗入見終不肯奉詔天子遣樓船將軍楊僕左
將軍荀彘擊定朝鮮爲眞番臨屯樂浪玄菟四郡文

二十一都懷古詩

儒州　柳得恭惠風　撰
完山　李德懋懋官　訂

檀君朝鮮

東國通鑑東方初無君長有神人降于檀木下立為君是為檀君國號朝鮮唐堯戊辰歲也三國遺事檀君都平壤

大同江水浸煙蕪王儉春城似畫圖萬里塗山來執玉佳兒尚憶解扶婁

懷古詩 ✗

大同江興地勝覽大同江在平壤府東一里一名浿江又名王城江其源有二一出寧遠郡加幕洞一出陽德縣文音山至江東縣界合流為西津江至府城東為大同江西流為九津弱水至龍岡縣東出急水門入海

王儉城三國史平壤著本仙人王儉之宅也東史檀君名王儉興地勝覽燕人衛滿都王險險一作儉卽平壤

塗山執玉東史夏禹十八年會諸侯於塗山檀君遣子扶婁朝焉交獻備考檀君子解扶婁為扶餘始祖

箕子朝鮮

一

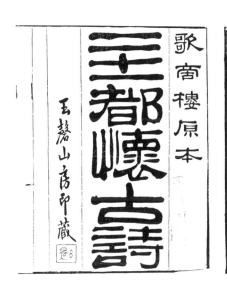

二十一都懷古詩

歌商樓原本

三都懷古詩

玉磬山房印藏

懷古詩序

應戊年間寓居鍾尚老屋三楹筆硯與刀尺雜陳以
是時古多坐小圃之旁荳棚菁花蜂蝶悠揚雖炊煙屢
自若時閱東國地誌得一首輒苦吟彌日稚子
絃誦閒而誦之可知其用心不淺也是歲懋宮次修
入燕手抄一本寄潘香祖庶常及見潘書大加嗟賞以
為兼竹枝詠史宮詞諸體之勝必傳之作李墨莊為題
一絕祝編修另求一本異地同聲差可為樂傳不傳不
須論也已亥以後供奉內閣被
聖主恩七年七遷官俸祿足以資衣食堂宇足以置筆
硯顧職務傯傯不喜作詩有作皆率易而成非復疇昔
之苦吟公退之暇見此卷為見輩所讀不覺悵然題之
如此乙巳仲秋古芸居士

余此卷庚戌秋攜至燕中紀曉嵐尚書眼好古贈之羅
兩峯云欲寄鮑以文續刻知不足齋叢書中力求無以
應兩峯頗快快次修再入燕見兩峯案頭置一本烏絲
欄書字畫精妙知從曉嵐處借鈔也卟國之士嗜書如
此余篋中夏無副本茫然不知舊註之如何考訂前史
再為箋釋亦自笑其癖也壬子仲春又題

一

찾아보기

역주 이십일도 회고시

● 2009년 4월 13일 초판 1쇄 인쇄
● 2009년 4월 23일 초판 1쇄 발행
● 지은이　　　　　유득공
● 옮긴이　　　　　실시학사 고전문학연구회
● 발행인　　　　　박혜숙
● 편집인　　　　　백승종
● 책임편집　　　　신상미
● 디자인　　　　　조현주
● 영업 · 제작　　　변재원
● 인쇄　　　　　　정민인쇄
● 제본　　　　　　경일제책
● 종이　　　　　　화인페이퍼
● 펴낸곳　　　도서출판 푸른역사
　　　　　　　우 110-040 서울시 종로구 통의동 82
　　　　　　　전화: 02)720 · 8921(편집부) 02)720 · 8920(영업부)
　　　　　　　팩스: 02)720 · 9887
　　　　　　　전자우편: 2007history@naver.com
　　　　　　　등록: 1997년 2월 14일 제13-483호

ⓒ 실시학사 고전문학연구회, 2009

ISBN　978-89-91510-92-0 03900

· 잘못 만들어진 책은 교환해드립니다.